● 幼儿园优质园本课程系列
● 中国学前教育研究会"十三五"立项课题研究成果
● 北京市教育学会学前教育研究会"十三五"重点课题研究成果

玩美术　慧生活

——幼儿美术"情感三部曲"教学模式的探索与实践

小班（下）

安　平　主编

中国农业出版社
农村读物出版社
北　京

图书在版编目（CIP）数据

幼儿美术"情感三部曲"教学模式的探索与实践．小
班．下 / 安平主编．—北京：中国农业出版社，
2022.12
（玩美术 慧生活）
ISBN 978-7-109-25097-0

Ⅰ.①幼… Ⅱ.①安… Ⅲ.①学前教育-美术教育-
教学模式-研究 Ⅳ.①G613.6

中国版本图书馆 CIP 数据核字（2019）第 083923 号

玩美术 慧生活
幼儿美术"情感三部曲"教学模式的探索与实践 小班（下）
WAN MEISHU HUI SHENGHUO
YOUER MEISHU "QINGGAN SANBUQU" JIAOXUE MOSHI DE TANSUO YU SHIJIAN
XIAOBAN（XIA）

中国农业出版社出版
地址：北京市朝阳区麦子店街 18 号楼
邮编：100125
责任编辑：孙利平 张 志
版式设计：杨 婧 责任校对：吴丽婷 责任印制：王 宏
印刷：北京中兴印刷有限公司
版次：2022 年 12 月第 1 版
印次：2022 年 12 月北京第 1 次印刷
发行：新华书店北京发行所
开本：700mm×1000mm 1/16
印张：13.25
字数：260 千字
定价：58.00 元

编 委 会

指 导 专 家：张　迪
主　　　编：安　平
副 主 编：陈海娟　陈　芒　李欣欣
参与编写教师：张　迪　安　平　杨　希　李　聂
　　　　　　　胡小洁　宋　扬　李丹丹　陈　芒
　　　　　　　钱　莒　季佳音　钱　磊　黄国欣
　　　　　　　韩　静　郭天晓　周　瑶　吕明欢
　　　　　　　刘　平　芮　静　杨　红　王　玥
　　　　　　　罗海霞　董　婧　张　悦　王连萍
　　　　　　　刘　鑫　徐　蕾　乔　杨　梁　鑫
　　　　　　　王　玉　彭　燕　冯静鹭　王　坤
　　　　　　　马丽卿　周晓燕　余碧洋　王希爱
　　　　　　　李　娟　李欣欣　陈海娟　刘　毛
　　　　　　　魏然然　吴晓翮　张佳琪　吴　影
　　　　　　　朱　宁　王文丽　李　玲　赵　璇
　　　　　　　郭　娜　康易梅　吴宪丽　杨丽杰

实验园所：（以教师编写案例对应月份的先后顺序为序）

北京市朝阳区启明德福幼儿园

北京市朝阳区花家地幼儿园

北京市朝阳区三里屯幼儿园

北京市朝阳区亚运村中心幼儿园

北京市西城区实验幼儿园

北京市朝阳区劲松第一幼儿园

北京市朝阳区西坝河第三幼儿园

北京市朝阳区华洋紫竹幼儿园

北京市朝阳区惠新里幼儿园

北京市朝阳区培华实验幼儿园（亚运村园）

北京市朝阳区亚运村第二幼儿园

北京市朝阳区枣营幼儿园

北京市朝阳区新源里第二幼儿园

北京市朝阳区朝花幼儿园东大桥园

北京市朝阳区奥园幼儿园

北京九龙幼儿园

中国科学院第五幼儿园

北京市朝阳区西坝河第一幼儿园

北京市东城区明城幼儿园

中国科学院第六幼儿园

北京市密云区第九幼儿园

北京市朝阳区康泉新城幼儿园

北京市朝阳区堡头幼儿园

北京市大兴区清城启航幼儿园

北京市朝阳区中国人民大学朝阳幼儿园

北京市朝阳区劲松第二幼儿园

北京市东城区为依幼儿园

北京市朝阳区定福家园幼儿园
北京市朝阳区泛海幼儿园
北京市朝阳区北辰福第幼儿园
北京市朝阳区豆各庄乡中心幼儿园
北京市朝阳区三间房乡中心幼儿园
北京市海淀区教育环境综合治理中心
北京市朝阳区三里屯幼儿园
北京市朝阳区立城苑小金星幼儿园
北京市朝阳区京通幼儿园
北京市朝阳区水碓北里幼儿园
北京市朝阳区安华里幼儿园
北京市朝阳区亚运村第一幼儿园
北京市朝阳区朝花幼儿园丽湾园
中央军委机关事务管理总局红星幼儿园（奥运村园）
北京市朝阳区海嘉实验幼儿园
北京市朝阳区光华路幼儿园
北京市东城区精诚实验幼儿园
北京市朝阳区松榆里幼儿园

给幼儿美术集体教学活动一个定位

在教育与生活相统一的基础上，我结合国家有关幼教方面的政策、法规文件精神与要求，经过十几年的实践与探索，形成了"玩美术　慧生活"的幼儿美术教育理念。该理念的全称是"基于生活的幼儿美术教育"，即基于真实儿童、真实生活的幼儿美术教育。它是一系列符合幼儿年龄特点和学习方式感受美、表现美、创造美活动的总和；它使幼儿在与他人、社会、自然的互动过程中，习得现实与未来生活所需的各种学习品质、生活态度和生命方式。"基于生活的幼儿美术教育"内涵可以凝练成"玩美术　慧生活"六个字。"玩"是方式，"美术"是载体，"慧生活"既是目的，也是状态。

实施"基于生活的幼儿美术教育"途径有生活活动、活动区活动、集体教学活动、与家庭和社区合作、环境创设。其中的集体教学活动有着不同寻常的含义，它不是独立的组织形式，它与生活活动、活动区活动、环境创设都是相互关联、相互融合的。各种组织形式相互联系，共同促进幼儿审美能力、创造能力的全面发展。观察幼儿、了解幼儿、发展幼儿是不分组织形式的，需要在幼儿园所有活动中进行。通过不同途径对幼儿进行观察，了解幼儿的兴趣、需要及发展水平，这些是开展美术集体教学活动的前提，同时也是美术集体教学活动对其他形式活动的促进。

目前，幼教界的同仁们对美术活动中的集体教学活动存在很多争议：幼儿美术教育强调的是幼儿个性化表达，还需要进行集体教学活动吗？显然，这样的疑问存在着概念的混淆。个性化表达是对幼儿美术作品的评价，而集体教学活动是活动的组织形式，两者并不对立。集体教学活动是指教师有目的、有计划地组织班级所有幼儿参与的教育活动，它具有高效、经济、公平的特点。在目前的国情下，有效的集体教学活动仍然是幼儿园教育教学活动的重要途径。

有效集体教学活动的关键是要尊重幼儿的天性，符合本班多数幼儿的原有经验、学习和发展水平，促进幼儿与环境、与材料、与同伴、与教师积极互动，体现自由、自主、创造、愉悦的游戏精神，使幼儿获得有益的经验。

"基于生活的幼儿美术教育"的集体教学活动强调以幼儿情感为主线、以感受和经验为前提和基础、以多元表现和家庭亲子活动为延伸的"三部曲"活

动模式，即创作的内容由情感而生、创作的过程促情感表达、创作的结束使情感延展，突出"情感为先、通融一体""幼儿为本、全面发展""教学相长、家园同乐"的三个特征。

"基于生活的幼儿美术教育"的集体教学活动强调幼儿的主体地位，关注幼儿主动性、创造性的发挥，挖掘活动中的教育价值，促进幼儿整体发展，从认知的、语言的、社会的、科学的及艺术的角度，促进幼儿获得全面发展，注重教师在整个教学活动设计、实施与反思中的提高，以真正实现教学相长、生命质量共同提升的目的。

总之，幼儿美术集体教学活动对幼儿自主地形成审美心理意象的经验、用美术的形式要素（造型、色彩、构图等）和创作表现手法来探索画面构成和作品装饰效果的经验、探索使用各种美术工具和材料的经验具有引领作用，是幼儿美术教育中必不可少的组织形式。

在本书的编写中，特别要感谢幼儿美术教育专家张迪老师的指导和帮助。张老师不辞辛苦地为教师们进行美术素养的培训，并多次与教师们开展一对一的交流活动，拓宽了她们对美术形式的了解，丰富了她们对幼儿年龄特点的认识。感谢各实验园的园长们在教师培养和教研组研究方面给予的帮助与支持；感谢在实验过程中有过参与的周明杰、薛立华、李珊珊、郭娟、杨娜、冯娟、于昂、胡鹏雪、王洋、牛林林、范稳、谷媛媛、梁希、张丽洁老师的努力；感谢所有实验教师孜孜以求、不断探寻幼儿美术教育的真谛。

由于我们水平有限，书中难免有不足之处，还请大家批评、指正。大家的鼓励与指导将是我们前行的动力。北京市朝阳区幼儿美术教育研究组将秉承"玩美术　慧生活"的幼儿美术教育理念，不断进取！

北京市朝阳区教育研究中心学前教研室

安　平

2022 年 5 月

目　录

给幼儿美术集体教学活动一个定位

理　论　篇

玩美术　慧生活
幼儿美术"情感三部曲"教学模式的探索与实践 小班（下）

2

理 论 篇

第一章 "基于生活的幼儿美术教育"的背景

　　"基于生活的幼儿美术教育"源自教育与生活相统一的思想，源自美术起源说——美术源于劳动与生活，肯定劳动与生活创造了美术。无论从国家文件还是相关实践、探索中，教师们都感到我国幼儿艺术教育的价值取向已经从知识传承转向了关注幼儿的可持续发展上。

一、理论基础

（一）教育理论

　　纵观教育发展史，许多教育家都提出了教育与生活相统一的思想。如法国思想家卢梭、瑞士教育家裴斯泰洛齐、美国教育家杜威以及我国教育家陶行知。这里主要介绍杜威的"教育即生活"理论和陶行知的"生活即教育"理论。

　　美国的哲学家、教育家约翰·杜威是教育史上第一个公开反对以书本为中心的传统教育的人。他创建了实用主义教育思想体系，其重要的组成部分就是教育本质观。教育本质观被概括为三个方面：教育即生长、教育即生活、教育即经验的改造或重新组织。

　　他明确指出："教育即是生长，除它自身之外，并没有别的目的，我们如要度量学校教育的价值，要看它能否创造继续不断的生长欲望，能否供给方法，使这种欲望得以生长。"对于"生长"，杜威强调生长是生活的特征，儿童的生长既包括身体的生长，也包括一种有机体与外部环境间的相互作用，体现在主动尝试和被动承受结果两种形式上，单纯的任何一种活动形式并不会构成经验。

　　从这种"教育即生长"的观点出发，杜威又从教育与社会生活的关系角度提出"教育的本质即是生活"。他指出，儿童的本能生长总是在生活过程中展开的，或者说生活就是生长的社会性表现。杜威所界定的"生活"既包括社会生活，也包括个人生活。他认为教育是社会生活的延续，教育的过程就是生活的过程，教育的实质是与生活融为一体的。在他看来，人不能脱离环境，学校也不能脱离眼前的生活。教育的开展及过程就是眼前生活的本身，学校教育应该利用现有的生活情景作为主要内容，而不能把未来的东西、成人的经验强加给儿童，否则就容易忽视儿童的需要与兴趣，将儿童陷入教育中的被动地位。

　　在"教育即生活"的基础上，杜威还提出了"学校即社会"的思想。他认为，学校不能仅仅成为传播知识的场所，而应该让幼儿在其中明确自己的作用，这也是社会发展的需要。由此可见，杜威提出的"教育即生活"的观点包括学校与社会生活相结合、学校与儿童生活相结合两层含义。

从获取知识的角度，杜威又把教育的本质看作"经验的改造或重新组织"。这一论点完全是以其主观经验论的哲学理论和不可知的认识论为基础的。

总之，杜威的教育本质观强调了生活和经验是教育的灵魂。没有生活和经验的教育不是真教育，也就自然不会有生长。

陶行知是我国近代教育史上伟大的人民教育家、教育思想家和教育改革、实践家。陶行知师承杜威，他根据当时社会的情况和教育所出现的弊端提出了"生活教育理论"。生活教育理论的观点包括"生活即教育""社会即学校""教、学、做合一"三大教育原理。"生活即教育"指的是生活本身就是教育，到处是生活，到处也是教育。生活决定着教育，教育也改造着生活，教育与生活是相辅相成、共始终的。"社会即学校"是指生活教育的范围在空间上的扩展，教育不单单局限在学校生活，更应扩展到整个社会生活。生活的教育要采用行动的方式，向广大社会成员学习。"教、学、做合一"更是明确地提出行动的教育要从小做起，要让学生学会玩玩具、制造玩具，而不是死学知识。由此可见，生活教育理论是以活的生活为中心，以做为中心，是开放式的教育，体现了"以人为本"的教育理念。

综上所述，杜威的"教育即生活"理论与陶行知的"生活即教育"理论，虽然都是从社会问题出发，注重在行动中解决教育问题，但是教育生活化与用生活来教育是杜威和陶行知两大教育理论的根本区别。教育生活化强调的是把生活作为教育的点缀，个体去适应生活。而用生活来教育强调的是把整个生活都作为教育的场所，个体去创造生活，唯有这样，才能促进人的全面发展。

（二）美术的劳动、生活起源说

我们研究的既然是幼儿美术教育，那么就不能回避美术的基本内涵。美术的内涵要从美术的起源这个角度进行探讨。正如艺术的起源存在各种学说的争论一样，美术的起源也一直处于一个不断探索、研究的过程。在多种研究中，根据已发现的人类最早美术遗物推断美术起源的学说最为引人注意。

现已发现的人类最早美术遗物产生于公元前四五万年到公元前两三万年之间。在这些人类最早的美术遗物中，最突出的是欧洲的洞穴壁画和一些小型雕刻。在欧洲的洞穴壁画中以西班牙阿尔塔米拉洞穴壁画和法国拉斯科洞穴壁画最为著名。研究者发现各种野生动物形象是壁画的主要内容。当时的人们以捕渔打猎为生，能不能捕获到足够食用的动物关系到整个种群的生存。基于长期的捕猎实践，原始猎人们观察到了动物们的生活习性，于是，他们靠图画的方式传递捕猎经验。正因为如此，原始社会绘画艺术的形象无一例外的都是野兽。至于小雕像则多是妇女形象，这与当时处于母系氏族社会、崇拜女性有关。

由此可以说明，正是劳动和生活创造了美术，美术源于劳动和生活。

（三）国家文件

我国在 2001 年 9 月颁布的《幼儿园教育指导纲要（试行）》（以下简称《纲要》）将幼儿教育分为健康、语言、社会、科学、艺术五个领域。艺术领域也同其他领域一样，以幼儿为主体开展教育活动，并提出了三个目标：1. 能初步感受并喜爱环境、生活和艺术中的美。2. 喜欢参加艺术活动，并能大胆地表现自己的情感和体验。3. 能用自己喜欢的方式进行艺术表现活动。该领域的内容与要求无不渗透着生活化的思想与理念。

教育内容上，如引导幼儿接触周围环境和生活中美好的人、事、物，丰富他们的感性经验和审美情趣。

教育对象上，如在艺术活动中面向全体幼儿，要针对他们的不同特点和需求，让每个幼儿都得到美的熏陶和培养。对有艺术天赋的幼儿要注意发展他们的艺术潜能。

教育方式上，为幼儿提供自由表现的机会，鼓励幼儿用不同的艺术形式大胆地表达自己的情感、理解和想象，尊重每个幼儿的想法和创造，肯定和接纳他们独特的审美感受和表现方式，分享他们创造的快乐；在支持、鼓励幼儿积极参加各种艺术活动并大胆表现的同时，帮助他们提高表现的手法和能力；为幼儿创设展示自己作品的条件，引导幼儿相互交流、相互欣赏、共同提高。

教育结果上，如指导幼儿利用身边的物品或废旧材料制作玩具、手工艺品等来美化自己的生活环境或开展其他活动。这些都注重将艺术与人的生活、社会环境等有机联系。

教育部在 2012 年 10 月颁布了《3～6 岁儿童学习与发展指南》（以下简称《指南》），更加科学地体现了以人为本、以幼儿为本的教育理念。从内容结构上，将艺术领域划分为感受与欣赏、表现与创造两个子领域，提出了四个目标：1. 喜欢自然界与生活中美的事物。2. 喜欢欣赏多种多样的艺术形式和作品。3. 喜欢进行艺术活动并大胆表现。4. 具有初步的艺术表现与创造能力。

从中不难看出，《指南》所倡导的幼儿艺术教育价值取向是以培养幼儿对艺术的积极态度为先，建立在顺应幼儿发展特点的基础上，把对幼儿的个性、情感的尊重放在首位，强调在幼儿精神获得满足和愉悦的同时，培养他们的感受、表现和创造能力。其中，也无不体现着生活化的思想与理念。

教育本质上，认识到儿童的艺术活动是幼儿内在的生命活动，是一种感性把握世界的方式，是他们对自己生命活力的展现。

教育内容上，贴近幼儿生活，如和幼儿一起感受、发现和欣赏自然环境和人文景观中美的事物。

教育对象上，强调"和幼儿一起"，包括教师、家长等成人。

教育方式上，首先注重幼儿自发的活动方式，如观察、倾听、收集、接触等，让幼儿用自己的方式感受与表达。在此基础上，注重成人和幼儿一起活动，支持幼儿、理解并尊重幼儿、为幼儿创造更多的机会和条件，欣赏、鼓励、回应、引导幼儿等。

教育结果上，倡导回归幼儿生活，如展示幼儿的作品，鼓励幼儿用自己的作品装饰、布置环境等。这些都再次鲜明地将艺术与人的生活、社会环境等有机联系起来。

二、社会背景

我国幼儿艺术教育的价值取向已经从知识传承转向了关注人的可持续发展上。但教师们还要清楚地看到，目前有些家长的想法偏离了正确的理念，认为幼儿从小学美术可以为今后成为美术特长生打基础。成为美术特长生通过艺考进入大学比较容易。而一旦考上艺术院校，毕业之后找工作也比较容易，比如从事设计专业等一些实用性很强的工作，薪酬都是很高的。

学美术的目的是为了升学、为了找工作、为了挣钱，如此功利的教育理念让家长以"爱"之名"断送"了孩子无限的想象力、创造力及对艺术的兴趣。我们究竟该以怎样的方式开展幼儿美术教育呢？这是一个基本问题，也是当前家长、教师十分关注的问题。

三、实践历程

随着《纲要》《指南》的颁布，教师也在自己的教育工作中大胆尝试，开展了艺术教育的改革实践。主题活动"我们要演皮影戏"是由一次观看皮影戏的演出引发的。为了让孩子们演皮影戏的想法得以实现，教师引导幼儿从欣赏皮影戏入手，感受皮影道具中美的元素。幼儿在动手制作道具的过程中逐渐发现了一些问题，通过动手实验、同伴合作、利用家长资源等方式进行探究，使问题得到了解决。最后，孩子们成功地利用自己设计、制作的皮影道具进行了皮影戏的演出。每位幼儿还在其中尝试了演员、音响师、灯光师、服务员等不同角色，收获的既有欣赏皮影戏、制作皮影道具、表演皮影戏等艺术方面的体验，还有情感、态度以及友好交往与合作、探索与创造等能力的发展。

接下来，要介绍的这个主题活动源于幼儿自发的角色游戏。幼儿对小学充满了向往，他们玩起了有关小学的角色游戏。首先，他们布置好教室，有黑板、有课桌，分配好角色，有老师、学生、校长，还有保安，就连课程表都安排好了，语文、数学、美术、音乐、体育课被安排得井井有条。这些可以体现出幼儿对小学的兴趣和部分认知经验，但从幼儿"上课"时不敢出声、不敢抬头的状态看，也体现出幼儿对即将到来的小学生活感到紧张和不安。在此基础上，教师重点思考如何利用这个机会以及让幼儿学习什么、获得什么发展，进而预设了主题活动目标。在情感态度上，幼儿能满怀对小学生活的向往；在综合能力上，幼儿能大胆表达、表现。在和幼儿的谈话中，教师听到孩子这样的想法"我又想上学，又不想上学"。询问原因后得知，一些幼儿要上寄宿制学校。最让他们担心的就是睡觉，因为"还没有学会自己睡觉"。不过，有个小朋友给出了个主意："可以抱个软软的抱枕睡觉，这样就像妈妈在身边一样！"

之后，教师又结合幼儿绘画《我心目中的小学》美术作品，分析出幼儿现在的发展状况。在情感态度上，他们对小学好奇，同时又存在着害怕的心理，比如不知道小学里有什么课、有没有自己喜欢的活动、自己不认识卫生间怎么办、同学不和自己玩儿怎么办等。在综合能力上，幼儿与他人主动交往的能力、合作的能力及空间识别能力还需要提高。

为此，教师设计了"快乐的小学"主题活动。第一次活动，教师把活动地点安排在小学校里，让幼儿通过亲身体验，了解小学生的学习和生活，并对照自己绘画的问题图去认识校园、了解学校。开展活动之前，教师与小学的主任、教师们多次就活动的起因、内容及形式进行了细致的沟通，使活动在安全方面、目标达成上都有了保障。

在第二次活动中，教师和幼儿分享了参观小学的感受，孩子们谈论时话多了，笑容也多了。他们说到了在小学里自己喜欢做的事情，有的喜欢跑步，有的喜欢自己拿水壶喝水，有的喜欢做实验，有的喜欢拿着书本读书，还有的喜欢背着小书包等。

为了满足每个幼儿表达的愿望，教师将一种好玩的表达方式介绍给他们，制作"人偶娃娃抱枕"。先由一名幼儿在不织布上摆好自己喜欢的姿势，再由其他幼儿勾勒出他的身体轮廓并裁剪。孩子们对这种新的创作方式非常感兴趣，主动寻找伙伴，合作进行制作。制作的过程就是幼儿主动探索、交往和成长的过程。教师在时间、空间和具体指导上都为幼儿的活动做好支持工作，并在幼儿需要给人偶娃娃抱枕装饰时将如何运用冷、暖色的美术知识渗透其中，让幼儿寻找并使用与底色差别大的颜色。这些看似简单的引导却让幼儿在活动中增强了主动性。他们主动配色，互相讨论看法，还主动尝试、调整作品、互相交流经验。

在为人偶娃娃填充柔软物时，教师邀请家长参加了活动，引导家长更多地与幼儿交流，倾听幼儿的想法，了解他们当时的感受，给予他们关爱、鼓励和支持。家长、教师、幼儿一起用棉花作为填充物，制作了不同含义的"精灵宝宝"，有遇事不哭闹、不发脾气的笑笑精灵；有努力学习、喜欢看书的聪明精灵；还有爱运动、锻炼身体的壮壮精灵等。有的幼儿把这些寄托着希望和爱的小精灵们放在了一起，有的抱着和自己一样高的"人偶娃娃"，他们都很高兴，也很有成就感。

在个别幼儿的提议下，大家还用积木共同搭建了小学校园，带着自己的"人偶娃娃"去上学。在这次活动中，幼儿不仅学习了美术的相关知识，而且学会了专注与坚持、与同伴友好合作、大胆表达自己的想法、自信与快乐等。

多年的幼儿美术教育实践让我积累了一些做法和经验。在此过程中，我通过不断地思考逐渐形成了"基于生活的幼儿美术教育"理念。

（教师：安　平　单位：北京市朝阳区教育研究中心学前教研室）

第二章　"基于生活的幼儿美术教育"的内涵、本质与特征

"基于生活的幼儿美术教育"的内涵、本质和特征是在幼儿美术教育实践过程中逐渐积累的一些做法和经验，是在探索过程中不断摸索出来的。

一、"基于生活的幼儿美术教育"的内涵

"基于生活的幼儿美术教育"是基于儿童的、真实生活的幼儿美术教育。它是一系列符合幼儿年龄特点和学习方式的感受美、表现美、创造美的活动总和。它使幼儿在与他人、社会、自然的互动过程中，习得现实与未来生活所需的学习品质、生活态度和生命方式。

"基于生活的幼儿美术教育"的内涵可以被凝练为"玩美术　慧生活"六个字。"玩"是方式，"美术"是载体，"慧生活"既是目的，也是状态。

1. "玩"是一种体验，是"游戏"的代名词，是幼儿最好的学习方式。由此，"玩"引申为"符合幼儿年龄特点和学习方式"。"玩美术"则被解释为"以符合幼儿自身特点的方式接触美术"。

2. "玩"的本质即快乐。"玩美术"不仅凸显了接触美术时的愉悦状态和心境，也去掉了幼儿接触美术时的"门槛"，提倡"美术"活动的过程是平等的、轻松的。

3. "慧"是一种精神、一种状态、一种修养，如积极·主动、专注·坚持、交往·合作、探索·创造、自信·快乐、习惯·感恩。"慧生活"就是成就一种有精神、有品质、有修养的生活，凸显幼儿美术教育对幼儿发展的价值。

4. "玩美术　慧生活"，以简要、凝练、直白的表达方式直接回应现实中存在的幼儿美术功利现象，积极倡导给予幼儿理解、尊重和爱的美术教育，倡导社会各界都行动起来，利用自身资源，为幼儿"玩美术"提供机会和条件。"玩美术　慧生活"的提出有利于正确引导幼儿美术教育理念的宣传，有利于维护幼儿的权利，有利于幼儿的健康成长，体现出教育工作者的社会责任感及教育情怀。

二、"基于生活的幼儿美术教育"的本质

"基于生活的幼儿美术教育"本质上是种子的教育。"每个幼儿心中都有一

颗美的种子。""基于生活的幼儿美术教育"就是培育这颗美的种子的教育。

　　种子的教育赞美幼儿与生俱来的艺术直觉能力，对世界的向往、憧憬和好奇心，以及每个个体的独特性。种子的教育为幼儿内在的生命力提供了各种机会和条件。

　　种子的教育愿意给予幼儿无限发展的可能性。正如自然界中种子的生长需要适量的水分、充足的阳光和空气、适宜的温度一样。幼儿的教育首先要建立在科学的基础上，要遵循幼儿身心发展规律，尊重幼儿的年龄特点和学习方式。

　　种子的教育视爱为水分。爱是教育之魂，没有爱的教育会使生命枯竭。爱是一种牵挂。爱幼儿就要为他们的现在以及未来去思考和努力，挖掘一切可以利用的教育资源。爱也是有方法的，因为每个幼儿需要的生长环境都不一样。

　　种子的教育视丰富多彩的活动为空气。它让幼儿更广泛地参与各种美术活动以及与之相关的艺术活动，尝试自己从没有做过的事情，发现自己之前从没有发现的美，创造自己之前从没有想到的美。

　　种子的教育视教师、家长的成长为温度。它让幼儿感受到成长路上的温暖。种子的教育充分信任每位教师主动发展的意识，尊重她们的发展现状，努力激活她们在教育实践中不断提升自身的艺术素养和教育能力，充分信任家长的合作诚意，努力激发她们的教育责任，实施科学的教育。

　　种子的教育尊重幼儿成长的规律，给予幼儿成长的时间，让幼儿用适合自己的速度成长。

　　种子的教育因此形成和谐的系统，促进幼儿在自由、轻松的氛围中不断成长，实现自己的使命，体现生命的价值，感受生命的意义。与此同时，种子的教育也随着对幼儿发展的不断感悟而逐渐丰富和完善。

三、"基于生活的幼儿美术教育"的特征

（一）特色发展的整体性

　　"基于生活的幼儿美术教育"将幼儿在领域上的发展与全面发展、近期发展与长远发展看作是一个整体。教育目标定位为：培养幼儿的美术素养、艺术修养与人文素质，促进幼儿和谐、全面、可持续发展。因此，它在教育内容上，符合幼儿自身特定的经验、愿望与情趣，来源于幼儿的游戏和生活，涉及包括与自然、与社会、与人、与己这些生活组成的各个方面。在教育手段上，以美术为主要手段，体现不同表现类型与形式，注重美术与音乐、戏剧、文学等其他艺术门类的融合，注重领域之间、目标之间的相互渗透与整合。

（二）真实情感的贯穿性

　　情感是艺术的灵魂，同样，情感也是艺术教育的灵魂。没有情感的艺术教

育就如同万物失去阳光的照耀，而没有了生机。"基于生活的幼儿美术教育"是基于真实儿童的、真实生活的幼儿美术教育，它支持幼儿的喜好，让他们做自己愿意做的事情，倡导从生活中来、到生活中去，提出"创作的内容由情感而生，创作的过程促情感表达，创作的结果使情感延展"的美术教育模式，始终将真实情感作为幼儿美术教育的主线。这里的真实情感包括幼儿自发的情感，也包括由教师激发而生成的情感。它强调幼儿活动的自发性，但也不回避、不忽视教师的"教"，提倡教师的"教"应建立在幼儿的需求、原有经验及能力发展水平之上。

（三）美术知识的渗透性

美术教育是将美术与教育合二为一。根据对美术和教育的不同侧重，将美术教育分为了美术取向和教育取向两类。美术取向的美术教育着眼点是美术本身，即由美术本位出发，以教育为手段，发展和延续美术文化；教育取向的美术教育着眼点在教育，即用教育的价值看待美术教育，以美术作为教育的媒介，追求一般教育学意义的功效。在现代教育的环境下，美术取向的美术教育与教育取向的美术教育应该互相借鉴与通融，才能更好地促进美术教育的发展。

"基于生活的幼儿美术教育"注重引导幼儿对自然环境的感知与欣赏，为幼儿创设并提供融入美术元素的生活环境与物质材料，让幼儿处于一种自然化的状态，了解美术知识并形成自主表达的一种方式，自然地加以运用。

（四）美术能力的过程性

幼儿美术能力的发展有其特殊的表现，而这些特殊的表现会被误认为"不好"，以幼儿绘画活动为例，如涂鸦、夸张、透明、基底线等，正是因为这些"不好"的存在，才使得幼儿的创作具有灵气和魅力。因此，发现幼儿的特殊表现，保护幼儿的特殊表现，就是在做符合幼儿发展规律的美术教育。"基于生活的幼儿美术教育"关注幼儿身心发展特点，还特别研究幼儿特殊行为背后的原因，给予幼儿发展的空间和时间，注重幼儿在教育过程中的成长。

（五）活动开展的游戏性

"基于生活的幼儿美术教育"倡导为幼儿提供大量"玩美术"的机会和条件。玩的场所是广泛的，幼儿不仅仅局限在活动室内，还要在艺术场馆里徜徉，要在雪地里、小雨中、阳光下，和自然亲密接触。玩的材料是多样的，有成品的、半成品的、自然物、安全而无毒的废旧材料，还有自制的材料，如泡泡、面团等，就连电子产品——Ipad、数码相机都可以成为幼儿体验美术的工具。玩的种类是丰富的，从平面到立体、从静态到动态，泥工、剪纸、水墨、拼贴、材料的综合制作、欣赏绘本后的戏剧活动等。玩的过程是自由的，在不打扰其他人活动的前提下，或独自、或合作，或轻声交谈、或自由哼唱，以自己喜欢的方式去表达。玩的结果自然也是由孩子们做主，或带回家和家人分享，或展示在幼儿园和教师、小朋友们分享，或把它们作为游戏的材料，或用它们美化生活环境。

（六）资源利用的创造性

教师面对的是鲜活的生命。教师的工作是具有创造性的。《纲要》指出：教育活动的组织与实施是教师创造性地开展工作的过程。因此，教师要结合园所、幼儿、教师、家长的实际情况，创造性地开展各项工作，以此努力激活各种教育要素的活力，永葆发展动力。如在教育资源上，提倡凝聚家庭、社区、艺术场馆等一切力量，发挥专家、家长、教师的作用，集众人的智慧于一体。在具体实施上，注重发挥多种途径、组织方式、指导方法的作用，优化、组合一切教育资源。

（教师：安　平　单位：北京市朝阳区教育研究中心学前教研室）

第三章 "基于生活的幼儿美术教育"的价值观

"基于生活的幼儿美术教育"的价值观包括儿童观、美术观、教师观、家长观和环境观。

一、美术观

"基于生活的幼儿美术教育"视美术为幼儿的游戏，一切幼儿感兴趣的、自然和生活中的材料和工具都是玩具，他们可以用感官和双手来探索、想象和创造，继而把这些作品运用到自己的各种游戏中或是布置环境、美化生活；它视美术为幼儿的语言，幼儿可以运用美术的方式记录、表达，并且它能包容下幼儿的百种语言乃至更多，幼儿可以用身体、动作、表情及各种自己喜欢的方式，大胆地表达自己的所见、所闻、所思、所感；它视美术为启迪幼儿心灵的钥匙，幼儿可以通过自身的自主感知、想象与创造，从美术特有的元素和形式美中唤醒精神世界的自由、力量与美好；它更为幼儿打开了一扇通往未来的大门，幼儿以一颗感恩、恭敬之心，在爱的鼓励下，富有勇气地创造美好生活。

二、儿童观

"基于生活的幼儿美术教育"视每一名幼儿都是具有人格、感情、思想的人，具有不同个性、处于不同发展阶段、不同层级的人；每一名幼儿都是成长者，在适应他们成长的条件和机会下，积极、主动地成长；每一名幼儿心里都有一颗美的种子，虽然他们对美术具有不同的禀赋和兴趣，但是他们喜欢美、愿意发现美、亲近美、感受美、表现美、创造美；每一名幼儿也都是一颗种子，蕴含着内在的力量，他们可以用自己的方式进行表达，旁人的做法无法代替他们真正的内心；每一名幼儿都是可爱的，每一个感受、每一个作品都展现了他们的力量，寄托了他们的梦想和对这个世界、对生活的情感。

三、教师观

"基于生活的幼儿美术教育"视每一名教师都应该是美的传递者，以美的心灵、美的仪表、美的行为去感染幼儿；每一名教师都要释放出爱的能量，团结家长、社区等各种教育资源为幼儿的发展共同努力；每一名教师都具有坚定的信念，相信每一个孩子心里都有一颗美的种子，有能力去感受、表现和创造美；每一名教师应是幼儿权利的维护者，尊重和保护每一个孩子的独立表现，不伤害幼儿的自尊；每一名教师都需要用动态的、发展的眼光看待每一个孩子，积极与幼儿互动，运用教育智慧，以自己的专业能力成就幼儿全面、长远的发展，从而获得自己生命的意义和成就美好的职业生涯。

四、家长观

"基于生活的幼儿美术教育"认为每一名家长，主要是父母，都要知道自己在幼儿成长中的作用，以"幼儿成长中的第一任教师，也是幼儿最持久的教师"角色担负起教育幼儿的主要责任；每一名家长都应该理解"言传身教""身教重于言教"的道理和意义，不断学习、不断完善自身，通过提高艺术素养和自身修养，成为幼儿模仿的榜样；每一名家长都应该积极参与美术活动，形成正确的教育观念，获得正确的教育知识和科学的教育方法，以平等、尊重的态度对待幼儿，学会理解幼儿；每一名家长是幼儿教育的重要资源，更是幼儿园教育的重要合作伙伴，要和教师一同成为幼儿权利的维护者，共同为幼儿全面的、长远的发展努力。

五、环境观

"基于生活的幼儿美术教育"提出"环境因幼儿而富有生机，幼儿因环境而全面发展"的主张，它提倡环境是幼儿的环境；环境要为幼儿的活动服务，要建立在幼儿活动的基础上，要为幼儿的活动带来快乐与启发；环境要支持幼儿的爱好，体现对他们个性的尊重，为他们提供表现自己、展示自己的平台；环境要引领幼儿感受美，学会运用各种视觉美术材料和艺术表现形式，激发幼儿的兴趣和发展的可能性；环境要帮助成人了解幼儿、理解幼儿、欣赏幼儿。

（教师：安　平　单位：北京市朝阳区教育研究中心学前教研室）

第四章 "基于生活的幼儿美术教育"的实施途径

"基于生活的幼儿美术教育"的实施途径包括生活活动、活动区活动、集体教学活动、环境创设、与家庭和社区合作。

一、生活活动

(一)特征

"基于生活的幼儿美术教育"珍视幼儿一日生活各环节中蕴含的丰富学习与发展的契机,发挥审美价值,关注生活各环节中所体现的形式美规律,体现整齐划一、对称均衡、调和对比、比例匀称、节奏鲜明、丰富多样等,使"生活中有形象、形象中有生活",以帮助幼儿向着发展目标迈进。

(二)原则

生活活动开展需要遵循以下三个原则:第一,重视精神氛围的营造,要给予幼儿爱,让幼儿形成安全感、归属感。第二,将五大领域教育融入幼儿一日生活,让幼儿通过生活活动来学会生活,学习与生活相互交融,以学习、生活、发展为一体。第三,发挥环境的浸润作用,融审美教育于环境之中。突出对幼儿兴趣、年龄特点的关注和了解,重视幼儿与环境的互动效果,如小班"我和小鱼来漱口"。

(三)重点说明

1. 可以结合生活各环节内容、目标,挖掘其中的形式美规律,体现整齐划一、对称均衡、调和对比、比例匀称、节奏鲜明、丰富多样等,让幼儿通过耳濡目染和表达分享,在审美中达到辅德益智的作用。

下面以两个生活活动环节为例加以说明。

● 如厕

目标之一

社会领域——遵守基本的行为规范(遵守规则)。

做法:通过欣赏有关"中心集合"的美术作品,引导幼儿了解"中心"的位置,理解"集合"的意思,从而规范自己的行为。

● 穿衣

健康领域——具有基本的生活自理能力(能自己穿脱衣服并整理好)。

社会领域——具有自尊、自信、自主的表现(能自己做的事情自己做,不会做的愿意学着做）。

图1　旋转楼梯中的"中心集合"图案

图2　千手观音造型中的"中心集合"图案

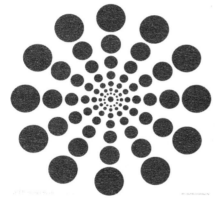

图3　圆点组成的"中心集合"图案

图4　摆放桌椅形成的"中心集合"图案

　　做法：通过欣赏有关"对称"的美术作品，引导幼儿感受对称美，理解对应关系，提高比较能力，达到整洁、美观的效果。

图5　蝴蝶翅膀上的"对称"图案

图6　路灯形成的"对称"图案

图 7 座椅形成的 "对称" 图案   图 8 古代建筑中的 "对称" 图案

2. 为幼儿提供必要的材料、空间和自由活动时间，鼓励幼儿记录《生活日记》，满足幼儿表达的愿望和心理需求，不可在未征得幼儿允许的情况下，任意展示、分享幼儿日记。

3. 注重审美教育，丰富对幼儿审美能力的培养。

① 成人要提高美术素养，有正确的审美教育观。

● 通过阅读、与正能量的人进行交谈等多种方式，提高文化修养，拥有积极、乐观、平和的心态，关注周围一切美好的事物并向往，生活安排得多姿多彩。

● 加强美育理论的学习，理解审美教育的重要性，去除审美的功利性，即审美是为表现服务的，如片面地认为感受与欣赏活动是为了表现与创造。

● 有意识地阅读关于美术知识、美术鉴赏方面的书籍，参加相关的美术讲座。

● 逐渐让参观画展成为生活的一部分。

● 利用相机、手机等多种电子设备，捕捉、记录自己对大自然、对生活的感动瞬间。

● 乐于与朋友分享对美的感受，交流对美的认识。

● 成人要养成讲文明的习惯，做好身边幼儿的榜样。

② 开拓并丰富培养审美能力的方式。

● 园所和家庭要力争创设艺术氛围，丰富幼儿的审美情趣和感知。

● 多让幼儿接触大自然，且有充裕的时间和自然亲近，而不只是游览片刻。

● 选取适宜幼儿参观的园林、名胜古迹、博物馆、美术馆、不同形式的艺术表演等景观和艺术场所，充分利用主办方精心制作的资料，如画册、宣传册等了解相关知识与文化背景，积极参与工作人员精心策划的互动活动。

● 支持幼儿欣赏绘本，通过购买、交换、借阅等方式，让幼儿接触到更多优秀的绘本。

● 支持幼儿收集自己喜欢的物品，为幼儿创设必要的物质条件。

● 注重培养幼儿在欣赏及艺术活动中的文明习惯，如不大声喧哗，不触碰作品，不在场馆内喝水、吃东西、席地而坐，不乱扔垃圾等。

③ 关注每个幼儿的自由表达。

● 给予幼儿更多自由表达的机会，以平等的身份和幼儿一起讨论和交流对美的感受。如幼儿不愿意讲时，不要强迫、埋怨、批评。

● 尊重幼儿不同的表达方式，如可以为幼儿提供照相机、手机等物品，创设展示作品的空间等。

● 成人要努力地学习、理解幼儿的审美感受特点和行为。教师有责任帮助家长了解幼儿审美感受的特点，理解幼儿在审美感受中的行为。

二、活动区活动

（一）特征

"基于生活的幼儿美术教育"中的活动区活动，不仅全面开设各类活动区，为幼儿提供充足的游戏条件，尊重幼儿的游戏意愿，保障幼儿的游戏权利，而且遵循《指南》所传达的"艺术在生活中……为了生活……更好生活"的思想，强调美工区活动的多样性和开放性，如多样化的美术表现形式、开放式的组织方式等，为幼儿接触更多的美术表现方式及借助美术形式快乐游戏创造条件。

"基于生活的幼儿美术教育"提倡开设"大美工区活动"，使美术时刻伴随幼儿游戏。在班级内，指相对于以前班级开设固定的美术活动区域而言，使整个班级成为一个大美工区。在全园内，指打破班级界限，幼儿可以不分年龄阶段、不分美术表现形式，自由选择美术活动。

（二）原则

创建"大美工区活动"的原则：

第一，教师应树立正确的幼儿自主游戏观，给予幼儿宽松的精神氛围，允许幼儿跨区选择美术材料，或用美术材料跨区游戏，以开放的活动空间促成幼儿灵活、多样、丰富的游戏。

第二，创设富有审美情趣的环境，注重对幼儿活动的观察，根据幼儿的游戏状况及时反思并调整。

第三，依据本园实际情况，在考虑好综合条件后再进行，以保证常态化开展大美工区活动。

（三）重点说明

1. 材料种类丰富，数量充足。

材料分为常态材料和高端材料，其中高端材料涉及多种美术表现形式，以满足幼儿用多种工具、材料或不同的表现手法表达自己感受和想象的需要。

2. 建筑区纳入美工区。

建筑作为美术的一种类型，具有实用和审美的价值。将建筑区纳入美工区，目的在于扩展幼儿美工区活动的内容和材料，拓展他们表达自己感受和想象的方式。

3. 形成"资源站＋小工作坊"的格局。

班级内设立一个美工区活动总资源站，创设为开放式空间，方便幼儿取放美术材料并随时使用。同时，依托各个区域建立各种小的工作坊，将美术工具、材料投放其中，方便幼儿随取随用。这样的布局可以充分满足幼儿游戏、欣赏、表现和创造的愿望。

4. 区域环境布置富有艺术情趣。

幼儿活动区活动不但是幼儿的游戏活动，更是幼儿的生活活动及教师和幼儿共同生活的大家庭活动。这里的每个区域环境布置都要突显艺术情趣，体现出教师的用心、精心和温情。

5. 作品成就幼儿的自信和快乐。

幼儿的作品产生于各个情景中，是他们真实的需要、情感的表达。他们的作品可以满足自己的意愿，或展示，或作为游戏的玩具。但无论怎样，这些作品都让他们感到自信和快乐。

6. 跨班级"混合美工区活动"让幼儿接触到更多的美术表现形式。

"混合美工区活动"意为幼儿不分年龄段、不分班级进行美工区活动，且美工区活动内容的表现形式也为混合式。不同班级可以就同一内容进行不同表现形式的活动，如泥工、剪纸、拼贴和水墨等。这样的活动可以为幼儿提供自由交往的游戏机会，接触更多的美术表现形式，让他们有更多的机会参加不同群体的活动，喜欢进行美术活动并大胆表现。

我在教育实践中开设的"混合美工区活动"每周进行一次，每次 1 个小时。活动已形成常态化，深受幼儿喜爱。活动是依托"绘本＋游戏"主题活动内容进行的。幼儿通过绘本阅读展开讨论与想象，扩展绘本内容，而后生成"混合美工区活动"内容。每个幼儿在大的活动内容下又有自己的小想法，并选择自己喜欢的表现方式进行呈现。如依托《许愿的小星星》绘本，幼儿在欣赏小星星掉进海里的画面后，看到了海底世界里有很多的生物。在教师"小星星遇见了谁"的问题引领下，幼儿纷纷表达自己的想法，认为有海龟、海星、章鱼、美人鱼等，其中，有很多都是幼儿自己想象的。幼儿根据自己表达的内容，在混合美工区活动时，选择自己喜欢的美术表现形式，如水墨、剪纸、泥工等进行表现与创作。作品的展示部分还可以加入"戏剧活动"，鼓励幼儿用

自己喜欢的方式展示作品，丰富幼儿体验。

三、集体教学活动

（一）特征

1. 结构特征

"基于生活的幼儿美术教育"强调以幼儿情感为主线，以经验为前提和基础，以多元表现和家庭亲子活动为延伸的"三部曲"美术集体活动模式，对外与生活活动、活动区活动、环境创设、与家庭和社区合作成为一体，对内分为三部分，即创作的内容由情感而生、创作的过程促情感表达、创作的结束使情感延展。

（1）创作的内容由情感而生是指集体美术活动来源于幼儿情感的需求，符合幼儿认知发展水平，并且建立在幼儿已有美术经验基础上。如小班美术集体教学活动"手工（泥塑）——我是小厨师"中，就是根据幼儿在娃娃家游戏中表现出的"喜欢厨房用品，乐于做饭"的情感需要，符合幼儿对图形认知的思维图式，采用泥塑的表现形式，支持"小厨师们"通过团、揉、搓、捏等多种手法创作自己喜欢的食物。

（2）创作的过程促情感表达是指在集体美术活动中无论是精神氛围的营造、工具材料的提供还是教师的指导等教学手段都能促进幼儿以自己的方式进行情感表达。如在"事事如意"剪纸拼贴活动中，教师依据幼儿现有剪纸水平，向幼儿介绍了镂空剪的方法，幼儿可以根据自己的想法选择性运用。

（3）创作的结束使情感延展是指集体美术活动的创作结束并不是美术活动的终止。对于幼儿在美术活动中所获得的快乐与发展来说，它只是一个时间节点，并不是幼儿兴趣、情感和多元表达的结束。创作结束后的作品分享、多元表达、个体教育建议、家庭活动等也会为了幼儿的发展而成为一体。

2. 内涵特征

（1）情感为先，融为一体。

情感是人对客观事物是否满足自己的需要而产生的态度体验。它是人心理活动和行为的动机，是艺术创作的动力之源，是艺术的灵魂。当创作者决定用美术的方式表达事物、事件时，情感就已经在他的心里产生。

在"基于生活的幼儿美术教育"集体活动中，"情感三部曲"的"情感"有两层含义。第一，情感是指幼儿对周围世界认识过程中的情绪与态度，包括喜欢、乐于、愿意、害怕等。第二，情感是指幼儿在体验美术形式中所呈现的状态，即幼儿的能力发展与情感表达。

以情感为主线	生活活动 活动区活动 集体教学活动 → 环境创设 与家庭和社区合作	第一步： 创作的内容由情感而生	一、活动背景 （一）幼儿情感 1. 幼儿表现 2. 对活动设计的启示 （二）幼儿发展 1. 幼儿在此表现形式中的发展现状 2. 对活动设计的启示 二、活动内容 三、活动目标 四、活动重点、难点 （一）重点 （二）难点 五、活动准备 （一）教师 1. 经验准备 2. 物质准备 （二）幼儿 1. 感受与欣赏 2. 工具与材料
		第二步： 创作的过程促情感表达	一、美好回忆 （一）主要问题 （二）实施要点 二、自由创作 （一）主要问题 （二）实施要点
		第三步： 创作的结束使情感延展	一、快乐分享 （一）主要问题 （二）实施要点 二、幼儿园活动 （一）面向全体 1. 作品的用处 2. 多元表现与创造 （二）关注个体 1. 创作中的典型表现 2. 幼儿日常表现 3. 整体教育策略 三、家庭活动 （一）活动内容 （二）活动目的 （三）活动准备 （四）活动过程 （五）作品欣赏

"基于生活的幼儿美术教育"中的集体教学活动有着不同寻常的含义。它不是独立的组织形式，它与生活活动、活动区活动、环境创设都是相互通融的。观察幼儿、了解幼儿不分组织形式，需要在所有活动中进行。从不同路径对幼儿进行观察，了解幼儿的兴趣、需要、发展水平，这些是开展美术集体教学活动的前提，同时也是美术集体活动对其他形式活动的促进。各种组织形式相互联系，共同促进幼儿发展。

（2）幼儿为本，全面发展。

"基于生活的幼儿美术教育"中的集体教学活动强调幼儿的主体地位，关注幼儿主动性、创造性的发挥。以幼儿的兴趣、需要和已有经验为基础，使幼儿通过生动、有趣的美术活动，提高幼儿对美的感受与创造能力，丰富幼儿审美体验，充实幼儿精神生活。同时，挖掘美术活动教育价值，从认知的、语言的、社会的、科学的及艺术的（音乐）角度，促进幼儿获得全面发展。

（3）教学相长，家园同乐。

"基于生活的幼儿美术教育"中的集体教学活动不仅关注幼儿发展，而且还注重教师在整个教学活动设计、实施与反思中的提高，以真正实现教学相长、生命质量共同提升的目的。

教学活动设计中，教师根据幼儿的兴趣和需要，提出适宜的美术表现形式，并且在活动区等活动中观察幼儿在该美术表现形式中的发展水平，提出对美术集体教学活动的设计思路与启示。由此，教师要开展针对幼儿发展目标中的美术经验拓展学习。学习的内容由教师根据自己的经验和水平而定。在此，我们提倡教师的美术学习要有针对性和广泛性。针对性是指根据幼儿发展目标中涉及的美术表现手法等进行学习。广泛性是指具体学习内容的范围要广，以形成多元的方式，利于教师提高幼儿的表现力与创造力，发现幼儿与众不同的行为，鼓励幼儿大胆的想法和创造。

教学活动实施过程中，教师要时刻与幼儿互动，敏锐地觉察幼儿参与活动的状态，在面向全体幼儿的同时，关注个体差异，发挥和创造教育智慧，适宜地促进幼儿发展。

教学活动反思中，教师以幼儿个体为例，呈现及分析幼儿在创作中的典型表现，结合幼儿日常表现，提出整体教育策略。这其中不仅有美术能力的促进建议，还有其他方面的教育建议。尤其是在家庭教育中，教师通过提出教育建议，设计适宜家庭开展的美术活动，帮助家长提升对幼儿美术教育的认识，丰富与幼儿开展美术活动的内容和方法。

家园同体，家园同乐。幼儿的发展是家庭教育与幼儿园教育的共同目标。

（二）原则

1. 双主体发展原则

幼儿是教学活动的主体，教师是实施教育活动的主体。幼儿与教师的双主体地位是"基于生活的幼儿美术教育"所承认和尊重的，促进幼儿与教师的发展也是"基于生活的幼儿美术教育"所追求的。

2. 尊重与鼓励相结合的原则

"基于生活的幼儿美术教育"尊重幼儿与教师的发展特点、成长规律，同时创造多种美术活动形式的机会和条件，鼓励幼儿与教师动手、动脑，乐于发现美、感受美、创造美，在美术集体教学活动中获得审美体验，丰富美术创作方法，了解各种工具和材料的性质和特点。

3. 多元、开放的原则

艺术的珍贵在于创造。幼儿用独特的美术语言创造出饱有情感的艺术作品，留给自己的是内心世界的富足，带给他人的是回味与美好。所以，美术作品不应该是统一的、规范化的，应该是多元的、开放的，带有鲜明的个性特征和创作风格。

（三）重点说明

在指导方法上，教师总结了两个"未必"，因为有了幼儿，有了这些活生生的生命个体，"指导"成了一门艺术，没有墨守成规的限制，要因材施教，体现出教无定法。

1. "教育指导"中的教师未必都是有影有声的

一提到"指导"，大多数人的眼前都会呈现出教师和蔼可亲的形象，蹲下来问幼儿"你在做什么""好玩吗"，或是拿过幼儿的材料、工具，"帮助"他们剪和画。面对教师的这些行为，幼儿或是专心自己的创作不理睬教师，或是当时顺从教师，等教师走后，就把作品匆匆收起来。教师这样的"指导"非但没有起到鼓励幼儿自主创作的目的，反而干预了幼儿的正常活动。

下面举例说明几种有影有声和无影无声的指导方法，当然评判它们的适宜性、有效性不在于教师声和影的有或无，而是施教后幼儿的表现。

（1）有影有声。

① 对话启发法：是指教师采用开放性的提问，引导幼儿感受与理解、想象与创造、自由表达想法的方法。

举例说明：

在欣赏莫奈的作品《睡莲》时，教师首先询问了幼儿对这幅作品的看法。有的幼儿说："画得挺满的。"有的幼儿说："颜色挺丰富的。"有的幼儿说："感觉有些乱。"还有的幼儿说："看不出来都画了什么。"幼儿表达的看法之多也正是教师采用开放性提问的用意。

② 及时回应法：是指当幼儿主动召唤教师时，教师及时给予回应，了解幼儿的想法、满足幼儿意愿的方法。

举例说明：

"老师"，一凡叫道，"我想要一些红色的颜料。"教师听后及时把红色颜料准备好并递给了他。他接过颜料，说了声"谢谢"，又开始专心创作了。

③ 体恤关爱法：是指教师站在幼儿的角度，感受并理解幼儿的情感需求，及时发现幼儿的点滴进步或感动之事，赏识幼儿、鼓励幼儿，使他们感受关爱的方法。

举例说明：

笑寒因为帮助别的小朋友而耽误了自己作画的时间，导致自己的作品没能画完，她着急地赶画，十分紧张。教师走过去，对她说："孩子别着急，老师等着你。你今天热心地帮助了小朋友，老师和小朋友都谢谢你！"笑寒听到老师的话抬起头，高兴地笑了。

④ 多教师参与法：是指多名教师参与到幼儿的讨论、分享中，满足幼儿表达愿望的方法。

举例说明：

小班幼儿，尤其在第一学期时，特别喜欢和教师分享自己的作品，让教师看看、听听。于是，班里三位教师都参与到活动中，分别与幼儿互动，使幼儿的愿望得到了满足。

（2）无影无声。

① 等待心仪法：是指教师给予幼儿操作空间，不打扰幼儿，即支持幼儿、关注幼儿、欣赏幼儿活动的方法。

举例说明：

当幼儿反复操作黄泥，尝试进行搓、捏、拍的方法时，教师分析幼儿此时属于熟悉材料阶段，所以并没有急于对幼儿"作品"进行指导，而是采用"等待心仪法"，让幼儿有充分的时间和空间玩泥。幼儿在活动中专注、坚持，通过充分地与泥接触，更加了解泥的特性，尝试了多种玩泥的方法，积累了不同的玩泥体验，较之前增加了堆泥、扣泥、挖泥、揪泥的方法。

② 情景创设法：是指教师为幼儿搭建符合其表现能力的支架，使幼儿在原有水平上获得发展的方法。

举例说明：

当幼儿喜欢创造新形象、但受造型能力的限制还不能完全表现时，教师采用"情景创设法"，让一名幼儿摆出姿势、另一名幼儿进行勾画，满足创作需求，使幼儿创作的人物姿势各异，动感十足。同时，增多了幼儿之间的交往，让幼儿逐渐学会了合作。

③ 空间调整法：是指教师根据幼儿参与活动的情况，及时调整活动空间，利于幼儿自如开展活动的方法。

举例说明：

当幼儿用身体摆出姿势并相互在纸上勾画轮廓时，受空间的限制，不能充分表现肢体动作和绘画时，教师可以采用"空间调整法"，为幼儿及时调整活动空间，满足幼儿表现和绘画的愿望。

④ 多媒体播放法：是指教师借助多媒体设备，或帮助幼儿回忆，或为幼儿提供展示机会等，满足幼儿欣赏并保持情绪愉悦的需要。

举例说明：

当幼儿争先恐后地想把自己的作品展示给大家时，教师给作品拍照后，利用多媒体设备循环播放，引发幼儿观看并激动地向大家介绍自己的作品。

⑤ 有意规避法：是指当教师遇到幼儿因自信心不足不愿参与活动时，教师要注意保护幼儿的自尊心，尊重他们的隐私权，不强迫，事后主动进行反思，改进教学方法。

举例说明：

活动结束后，甜甜没有把作品交给教师进行展示，而是走到自己的柜子前，把作品反复折叠后放进了柜子里。教师看到后，没有惊扰甜甜，而是默许了她的这种行为，并在事后对此事进行了反思，调整了作品展示的方法，满足了不同幼儿的心理需求。

2. "教育指导"的方法未必是单一进行的

（1）相同的指导方法可以运用在不同的教学情境中。

"音乐渲染法"是运用音乐烘托教学活动氛围，提高幼儿参与活动的兴趣与表达的愿望，使幼儿感受美术活动的快乐。中班教师在"给妈妈做好吃的"活动导入部分播放了音乐《我的好妈妈》，幼儿边唱边跳很高兴，激发了参与活动的兴趣。小班教师在绘画活动"泡泡飞"的分享部分播放了《吹泡泡》的音乐，引导全体幼儿边跟音乐唱歌边随歌曲内容对自己的作品进行指认。这种用唱歌代替说话的方式使幼儿感受到美术活动的快乐，也满足了全体幼儿展示自己画作的需要。

（2）不同的指导方法可以运用在相同的教学情境中。

小班幼儿分享绘画作品《大树》的活动是在户外的操场上进行的。孩子们拿着自己画的大树和真的大树比高矮、比大小、比粗细，教师采用"环境利用法"，巧妙地引导幼儿利用环境进行讲述，达到情景交融、自然和谐的效果。同时，教师针对幼儿自我意识和自我评价的发展特点采用"多教师参与法"和"对话启发法"，多名教师在耐心倾听幼儿讲述的同时，引导幼儿互相观看、欣赏作品。

大班教师在开展绘画欣赏活动时，根据绘画内容的不同，采用不同的欣赏方式。当欣赏物体装饰画时，教师应考虑活动室空间有限，为了方便幼儿一目

了然地欣赏同伴作品、促进相互交流，多采用"蛇形队伍欣赏法"。当欣赏物体想象画、主题情节画时，教师则采用不限定交流对象、幼儿根据自己意愿进行的"自由交流法"，鼓励幼儿对不同的人自由讲述创作想法，在提高幼儿美术能力的同时，也发展其语言表达能力。

总之，让幼儿美术集体活动的一切都为幼儿表达所用。

① 不强迫幼儿进行美术创作，更不能以幼儿是否"画"、是否"做"来评价幼儿"学得好与不好""听话与不听话"。

② 尊重幼儿的自发表现和创作，提供丰富的、适宜取放的材料，让幼儿自主选择，用自己喜欢的方式去模仿或创作，成人不做过多的要求。

③ 学会倾听幼儿的创作讲述，不用"好不好""像不像"评价幼儿，要及时肯定幼儿作品的优点，和幼儿共同分享创作的快乐。

3. 取消对幼儿创作的几个限制

（1）创作的内容没有严格的界限之分，只要是符合幼儿生活经验的、幼儿感兴趣的都可以作为幼儿创作的内容。

（2）创作的材料没有成品与自然物之分，只要材料是安全的、环保的、适宜本年龄阶段幼儿使用的都可以作为美术材料。

（3）创作的空间没有桌子上与桌子下、室内与室外之分，只要是安全的、卫生的、幼儿需要的地方都可以供幼儿使用。

（4）创作的时间没有可以与不可以之分，只要是幼儿自由活动的时间，幼儿都可以自由支配。

（5）创作的形式没有必须与不必须之分，只要是幼儿喜欢的、愿意尝试的，他们都可以自由表现。

（6）创作后的展示没有墙上与墙下之分，只要是能满足幼儿需求和发展的、能让幼儿情感得到延展的都可以实施。

4. 养成使用材料的好习惯

在满足创作需求的基础上，注意培养幼儿使用材料的好习惯，如沿着纸的一端剪，剩下的纸还可以再利用等。

（1）成人为幼儿做出示范，树立榜样。

（2）有序放置材料，提供必要的收纳筐等，方便幼儿取放材料。

四、环境创设

（一）特征

"基于生活的幼儿美术教育"提出"环境因幼儿富有生机、幼儿因环境而全面发展"。它十分重视将精神环境物化成物质环境，使两者形成高度的统一，让幼儿更多地、更直接地在生活活动、活动区活动、主题活动中感受到这个环境是支持他们爱好的环境，是对他们个性尊重的环境，是引领他们熟悉各种视觉美术材料的环境，是激发他们兴趣和发展可能性的环境，也是帮助成人了解他们、理解他们的环境。

（二）原则

环境创设应遵循的三点原则：

第一，安全是环境创设的前提。

第二，有幼儿的环境才是生动的环境。创设符合幼儿兴趣与需求的环境是十分重要的。即使是以教师为主体创设的环境，也要考虑到幼儿的年龄特点、审美水平等。

第三，因地制宜创设环境，给予幼儿充分活动的机会和条件。

（三）重点说明

在此，重点说明幼儿园公共环境的创设。

1. 创设支持幼儿爱好的环境

《指南》中鼓励幼儿在自然界和生活中发现美的事物，并且无论从《指南》中有关幼儿的典型表现还是教师从现实中观察到的情况看，幼儿非常乐于收集美的物品。对幼儿的这种行为，教师采取的态度是支持。为此，教师原创设计、制作了"宝物寄存箱"。幼儿可以把自己收集到的各种"宝贝"大大方方地放在这里，或寄存在这里，或展示给大家看，放什么、怎么放、放多长时间都由幼儿自己决定。

2. 创设对个体尊重的环境

教师应尊重每个幼儿的个体能力与兴趣发展倾向，承认每个幼儿都有不同的思维特点和表达方式，给他们提供展现的空间，如为幼儿开设画展。开设的画展就像正式的画展一样，有开幕、闭幕仪式，还要邀请家长和幼儿讲话，同时根据画展内容制作精美的"任务单"，发放给每一位小朋友，邀请所有的家长和小朋友来参观画展，感受各种美术表现方法，起到鼓励全体幼儿敢于展现自己画作的目的。

再比如，教师原创设计、制作了"幼儿作品展示柜"。以往展示幼儿作品的地方都是平面的。通过分析，教师认为平面的作品展示空间对幼儿作品的表现形式存在局限性，并没有从根本上做到《指南》所指出的："创造机会和条件，支持幼儿自发的艺术表现和创造。"于是，教师打破平面展示的方式，变为立体展现，实现"幼儿服从展示空间"到"展示空间服务幼儿发展"的转变。幼儿可以根据自己作品的表现形式，选择柜格或展板来展示，柜格里面的隔板也都是活动的，可以根据幼儿作品的大小任意调节，展板也都是活动的，横放、竖放和放的位置都可以根据需要进行调节。展示空间的灵活性越大，给予幼儿自我发展的空间就越大。谁展示、展示什么、展示多长时间都由幼儿自

玩美术　慧生活
幼儿美术"情感三部曲"教学模式的探索与实践 小班（下）

己决定。在这里，没有固定的名字挂牌位置，因为一旦固定位置，就等于绑架了一些因为各种原因不愿意展示作品的幼儿意愿。在这里，展示作品的内容也都是不一样的，因为这都是幼儿自己决定的，并随日常活动而随时进行的，没有半点儿为了应付检查工作而突击展示的。在这里，作品的表现方式也不尽相同，有更多的方式可以让幼儿自主选择、尝试和体验。

3. 创设幼儿熟悉各种视觉美术材料的环境

如果没有大量接触操作材料的经验，各种美术"语言"的掌握便无从谈起。大量的材料也能引起幼儿用各种"象征语言"表达情感。因此，建议教师可以利用有限的空间，原创设计、制作"材料展示墙""折叠展示架""折叠美工桌"等。这些环境可以为幼儿提供更多的活动空间，给幼儿带来视觉的冲击、丰富的感受及表达的愿望。

4. 创设激发幼儿兴趣和发展的可能性环境

每个幼儿的兴趣和发展方向不尽相同，如果对幼儿进行统一的训练，就会剥夺幼儿很多兴趣和发展的可能性。因此，教师要力争在内容的设置上包容更多的美术表现形式，让幼儿多接触、多尝试、多体验。在环境的创设上，也力争创设一个丰富多样的、多功能的、多层次的、自由选择度高的环境，让每个幼儿有机会接触符合自身特点的环境，用自身特有的方式同化和吸纳外界环境的刺激。教师则通过这一过程了解幼儿，个性化地指导幼儿。比如，在创设的环境中可以看到美术活动，可以看到音乐活动、表演活动，还可以看到阅读活动；可以看到平面形式，还可以看到立体形式；可以看到静态形式，还可以看到电脑动态形式。

5. 创设帮助成人了解幼儿的环境

可以通过创建"亲子借阅区""亲子美术活动区"及"家长美术活动指导方法展示墙"为家长和幼儿共同活动创造机会，在教师的引导下，帮助家长发现幼儿是如何创造与表达的、他的认知方式、与他人交往的方式和发展水平如何等，学习理解幼儿、了解幼儿，学习正确的教育方法。

五、与家庭和社区合作

（一）特征

"基于生活的幼儿美术教育"十分重视家园共育，强调"以活动带动幼儿"的方式，积极吸纳家长及社区资源，组织丰富多彩的活动，通过活动让家长在参与体验的过程中感悟幼儿美术教育的真谛，树立正确的教育理念，提高自身美术素养。

（二）原则

开展家园共育工作遵循的原则：

1. 针对需求原则

教师应针对家长需求开展活动，这样更容易受到家长们的欢迎。

2. 面向全体原则

教师开展活动时，要面向全体家长，说明活动由来、内容、目的、时间等。

3. 自愿参与原则

不强迫所有家长必须参加现场活动。在活动时间的安排上，能照顾家长需要工作的实际情况，不将相关活动安排得过满或过多，以免家长请假耽误工作。

（三）重点说明

1. 开展调查研究，了解家长、社区中存在的幼儿美术教育资源，如职业资源、环境资源等。

2. 建立家园、社区活动制度和安全预案，采用"家长走进来"和"幼儿走出去"的方式，充分利用家长、社区资源，积极吸纳家长参与到幼儿园的教育活动中。

3. 根据家长的不同需求，创造性地开展多种形式的活动。

（1）可以创设"家长借阅站"，提供各种类型的书籍，如教育理论、教育方法、艺术修养、亲子阅读绘本等，让家长从文字、图画中汲取提高自身教育水平的营养。

（2）可以开办"美术鉴赏报""美术专栏"等，将相关的美术知识介绍给家长，提升家长的美术鉴赏能力。

（3）发挥家教报、宣传橱窗、网站、微信等各种宣传手段的作用，或在园内创设展示环境，让家长及时、全面地了解相关活动开展的动态。

4. 注重提炼与反思。在开展完家园活动后，教师要提炼本次活动的亮点，引导家长在活动后进行反思。

（教师：安　平　单位：北京市朝阳区教育研究中心学前教研室）

第五章 "基于生活的幼儿美术教育"的评价

《纲要》第四部分是关于幼儿园教育工作的评价。《纲要》将幼儿园的教育评价功能界定为:"是了解教育的适宜性、有效性、调整和改进幼儿园工作,提高教育质量,促进幼儿发展的必要手段。"《纲要》还指出:"管理者要与教师一起共同运用专业知识审视教育实践,不断发现、分析、研究和解决教育工作中的问题,并在此过程中引导教师提高自身的教育技能。"

"基于生活的幼儿美术教育"的评价重视幼儿的整体性发展、过程性发展,重视教师对幼儿的观察、分析和自我反思以及促进幼儿发展的成效。采取的评价方式是"阶段依托式评价"和"过程表现性评价"相结合。

由于教育评价所涉及的评价指标具有科学性,需要建立在大量观察、系统分析和效度检验的基础上,作为基层幼儿园完成起来有一定的难度,所以,从自身实际情况出发,建议一方面依托已有的《幼儿发展评价量表》进行教育评价(如北京市朝阳区全面推行的《幼儿发展评价手册》,评估幼儿整体发展情况,其中不仅涉及幼儿美术方面),还涉及到五大领域的其他几个方面,分析原因,提出改进措施。另一方面,教师提倡为每位幼儿书写"故事",关注个体差异,从"积极·主动、专注·坚持、交往·合作、探索·创造、快乐·自信、习惯·感恩"几个方面出发,观察、记录幼儿学习与发展的过程,注重发现个体优势,并提出个性化的教育建议,实施家园共育。

(教师:安 平 单位:北京市朝阳区教育研究中心学前教研室)

实 践 篇

第一章　小·班幼儿年龄特点与发展需要

一、小班幼儿年龄特点

1. 喜欢观看花草树木、日月星空、下雪、下雨、蜘蛛结网、小鸟飞过天空、树叶飘落等大自然中可以看得见的美的事物和现象，喜欢用大把抓、摸、用力踩、揉、搓等肢体动作表达对事物和自然现象的喜爱。

案例回放：

一阵风刮来，操场上的梧桐树花纷纷飘落下来。孩子们急忙跑过去，有的站在树下，有的站在树旁，兴奋得跳呀跳、叫呀叫，转圈圈、用手接，还随着风一起跑呀跑，任凭花儿在自己眼前落下来！

2. 乐于捡拾落叶、花瓣等自然物，喜欢堆积自然物，能进行初步的联想。

案例回放：

孩子们将落下的树叶一片片捡起来，一把把向上扬，让树叶散落在地上。有的小朋友把树叶堆积在一起，围着它们跳起来。点点边跳边叫："树叶山，树叶山。"其他的小朋友也跟着大声叫起来："树叶山！树叶山！"

3. 喜欢颜色鲜明、造型简单、熟悉的或带有卡通形象的生活物品，如小发卡、水杯等，愿意摸一摸、抱一抱、玩一玩。

案例回放：

天天带来一个"海绵宝宝"的抱枕，小朋友们都想抱一抱。雅美说："我家有米妮的杯子，我也给你用。"思思说："我有维尼熊的发卡。"

4. 乐于观看动画片、木偶剧、戏剧等表演，喜欢跟随情节聚精会神地观看或手舞足蹈等。

案例回放：

《红果果》的儿童剧开演了。当小朋友们看到剧中的小动物们推着、拉着、拽着红果果，钻山洞、走小桥，还打滚时，也在台下跟着左右摇晃、喊"加油"。

5. 乐于观看绘画、泥塑或其他艺术形式的作品，想去触摸。

案例回放：

周奶奶的剪纸展在幼儿园的"阳光画廊"展出了。小班的小朋友们来观看。"这里有个小洞洞。"一个小朋友边说边伸出小手指想要抠洞洞。

6. 喜欢看绘本，对颜色鲜明、造型有趣的形象感兴趣，或反复摸，或大声笑，或用手比划，还愿意叫其他小朋友和老师一起看。

案例回放：

"西西，你快看，"子豪指着绘本《大卫，不可以》中那个头发都竖起来的大卫说，"真好玩，头发飞起来了！""安老师，快看，快看！"子豪来不及让西西看一眼，随即把书递给了教师。

7. 喜欢把玩具当成材料，边创作边给玩具"配音"。

案例回放：

涵涵拿起一辆玩具小汽车，把轱辘蘸上颜色，走到大画纸前，在上面推起了小汽车，嘴里还发出"呜呜"的声音。他高兴地围着画纸转了一大圈儿。

8. 喜欢反复接触材料，乐于重复玩。

案例回放：

区域活动时，润润、浩然、婷婷几个小朋友高兴地来到了美工区。他们先是铺好了画垫，然后就开始挑选材料。过了一会儿，孩子们还在那里徘徊，像是在找什么。教师轻轻地走过去，问："你们想玩什么？""想玩昨天的那个，牙刷那个。"浩然着急地说。教师赶紧找来他们需要的材料，孩子们高兴地玩了起来。"老师，我还想画一张。"润润跟教师说着，教师又给他拿了一张新画纸。

9. 喜欢玩颜料，惊喜自己的新发现。

案例回放：

丁丁在进行滴画活动，他用滴管把蓝色的颜料水滴在纸上。蓝色的水印慢慢地在纸上晕染开，他目不转睛地盯着。过了一会儿，他兴奋地拉着教师去看他的作品："老师，快看，这多像一辆摩托车。"说着，脸上露出了得意的笑容。

10. 喜欢画杂乱的线、随意地剪纸，乐于给它们起名字，还能自发地玩游戏。

案例回放：

毛儿、丁丁拿着纸，"咔嚓、咔嚓"地开始剪。"白菜""胡萝卜""面条""粉丝"，她们剪完一个，就放进"锅"里一个，边放边说："涮火锅喽！"

11. 喜欢模仿同伴的做法。

案例回放：

澄澄说他在画棒棒糖，他画旋转线时很熟练，脸上露出了得意的笑容。轩轩不大会转手腕，也高兴地嘟咕着："我也会画棒棒糖！"她用一只手按住纸，另一只手捏着油画棒，费力地画着，画完也得意地笑起来。

12. 喜欢把作品讲给教师和其他小朋友听。

案例回放：

有的小朋友画完后主动和教师讲。画完画儿的小朋友越来越多了，他们都围在教师身边，等着给教师讲画。看到教师忙不过来，小朋友之间开始互相讲述自己的作品。

这个年龄阶段的幼儿大脑皮质发育不完善，致使他们的行为和想象以无意性为主，各种认识过程都是无意性占主导地位。他们的行为主要受外界事物和自己的情绪支配，而不受理智支配。因此，他们的表达很直接，会毫无顾忌、毫无约束和模式地"跳呀跳、叫呀叫、转圈圈、手舞足蹈"等。

这个年龄阶段的幼儿思维是直觉行动思维和具体形象思维，他们依靠实际的动作、具体的形象进行思考。模仿是他们主动学习的行为，材料是促进他们主动活动的关键。因此，可以看到"涵涵拿着玩具小汽车，把轱辘蘸上颜料，走到大画纸前，在纸上推着小汽车，他高兴地笑了"。幼儿的识记最早是由外界环境的变化引起的无意识记。后来，他们利用自己的语言来组织自己的识记，使无意识记变成有意识记。幼儿一边做各种游戏动作，一边说话，用语言补充和丰富自己的行为。幼儿嘴里发出的"呜呜"声使自己的注意力集中在游戏中。

从幼儿的自我评价方面看，幼儿自我评价的发展和幼儿认知及情感有着密切的联系。小班幼儿没有独立的自我评价，主要依赖于成人的评价。因此，他们喜欢告诉教师、同伴自己创作的内容。

总之，小班幼儿喜欢随意表达，喜欢在游戏中表达，喜欢用掌握的一些简单方法表达自己的"想法"等。他们脆弱而敏感的心灵特别需要教师和家长小心地呵护。

二、小班幼儿发展需要

1. 安排合理的活动时间，让幼儿能充分地进行美术活动。

2. 允许幼儿用自己的方式表达对事物和自然现象的喜爱之情。

3. 当幼儿邀请成人参与"庆祝"自己收集的物品活动时，成人要以幼儿的方式进行，不做过多的言语询问，避免干扰幼儿美好的情感和积极的情绪，如"玩什么呢""好不好玩""它们像什么"。

4. 生活中可以借助幼儿喜欢的造型简单、有趣、可爱的卡通形象满足幼儿游戏的需要，增加幼儿与卡通形象的互动，提高幼儿对美的形象感受力，如生活活动"我和小鱼来漱口""小猫钓鱼"与"踩地鼠"。

5. 创设有序、温馨的幼儿生活、游戏环境，让幼儿感到安全的同时获得秩序感，如活动区环境创设"到 Kitty 的小屋来做客"和"汽车大王国"。

6. 如果是演出，观看的内容要符合小班幼儿的特点，情节简单，形象鲜明，时间不宜过长。如果是展览，最好带有体验式的，能让幼儿边看边玩，在玩中感受作品的表现形式和手法等。

7. 如果在幼儿园里举办美术展览，要满足幼儿对不同表现形式、方法的好奇心，可以创设多种形式的欣赏作品，还可以在其中设立体验区，让幼儿动手摸一摸、做一做。

8. 对待幼儿一些"玩过头"的行为，成人不能给幼儿冠以"严重行为问题""捣乱""不爱护小动物"等"大帽子"。如看展览时"碰触作品"的现象，要向幼儿耐心地说明，经过长期的培养，使幼儿逐渐养成良好的观看作品习惯。

9. 提供形象突出、造型鲜明、简单有趣的绘本或作品供幼儿欣赏，关注幼儿的喜好话题，和幼儿就此展开讨论。

10. 提供游戏化的、能玩的材料满足幼儿喜欢游戏的情感需求。材料不宜过小，如扣子、珠子等，也不宜过大，如剪纸时提供大纸张，不利于幼儿左右手的协调与配合。还要提供结实的、不易折断或破损的绘画材料，如半根粉笔、粗铅笔、油画棒、厚画纸等。

11. 为幼儿提供各种"玩"颜色的机会。为幼儿提供各色颜料、大空间、大纸张及易于抓握的毛笔、带柄的印章、海绵棒、棉签、小碟子、滚珠、瓶盖、玩具小汽车、菜根、围裙、套袖、手工布等，支持幼儿摆弄画笔，用颜料涂涂抹抹，甚至鼓励幼儿利用自己身体的各个部位或生活用品，如手、脚、鞋等探索和认识颜色，满足幼儿"玩"颜色的愿望。

12. 提供的游戏创作空间要宽敞、具有开放性，支持幼儿大胆尝试，美术活动不仅可以在室内进行，也可以在户外开展；不仅可以在纸上绘画，也可以在地上绘画。总之，教师要及时抓住偶发现象，结合创作内容充分利用场地，注重情景性，增加游戏氛围。

13. 为幼儿提供可以自主选择的活动形式，满足幼儿想和其他小朋友交往的需求。同时，多名教师参与其中，满足幼儿想和教师交流的需求。

14. 将材料放在幼儿易于取放的地方，方便幼儿自主选择，允许幼儿反复操作材料。

15. 扩展幼儿活动种类，注重丰富活动形式，如拓印画、吹画、手指点画、滚珠画、棉签画、绳画、牙刷画、泼画、粉笔画等。

16. 允许幼儿进行模仿，要耐心倾听幼儿对作品的讲述，分享他们的新发现。不以"像与不像""好与不好"评价幼儿作品，而要鼓励幼儿敢想、快乐地创作，引导幼儿按自己的想法去做，发现更多有趣的方法和现象。

17. 对待幼儿的态度是真实的、常态的，日常中不忽视与幼儿平等、亲切地互动。

18. 关注幼儿日常自发的游戏行为，可以顺势开展主题活动，满足幼儿进一步活动的愿望。如主题活动"好玩的色彩""杨树上的小鼓包变了"。

19. 教师与幼儿，特别是与个子矮的小班幼儿交流时，要善于使用无声的非语言指导策略，不仅要面带微笑，还要有意识地运用"仰视倾听法"，让自己的面部略低于幼儿的面部，使幼儿感受到教师注意自己、在乎自己，从而产生心理上的安全感，建立足够的自信。

20. 允许幼儿边操作材料边发出声音，但要逐步培养幼儿发出的声音不要影响其他小朋友的活动。

21. 在幼儿分享作品时，可以采用"肢体关爱法""等待心仪法"等方法，耐心地倾听幼儿的讲述，表达教师对幼儿的喜爱之情。

22. 在幼儿活动中避免人为无关刺激物的出现，如大声喧哗等，防止幼儿在注意力集中的情况下受到惊吓。

23. 关注个体差异，加强个性化指导。针对不同性格的幼儿及其不同表现，要通过观察分清具体原因，以便有针对性地实施指导。如针对案例回放中出现的幼儿"不大会转手腕"的现象，有可能是幼儿自身生理发展的原因，也有可能是因为幼儿握笔姿势不正确导致的。再如，针对幼儿早晨来园前挑衣服的现象，家长可以做出积极的引导，让幼儿在前一天晚上搭配好自己喜欢的衣服，还可以请幼儿说出这样搭配的理由。

第二章 小班下学期美术集体教学活动

3 月

第 1 周：绘画（绳子画）——跑起来

第一步：创作的内容由情感而生

扫码看图片 1

一、活动背景

（一）幼儿情感

1. 幼儿表现

（1）春天来了，孩子们在操场上玩儿。他们喜欢和小伙伴跑来跑去。

（2）孩子们滑滑梯时特别喜欢一下子滑下去的感觉。

图 9 在操场上跑来跑去

图 10 玩滑梯

2. 对活动设计的启示

（1）根据幼儿特别喜欢跑来跑去这一兴趣点，美术集体教学活动的题材可以围绕"奔跑"的感觉来开展。

（2）为了让幼儿充分地体验，我们提供了棉绳和颜料，让幼儿在纸上自由地拖拽蘸有颜料的棉绳进行创作。棉绳是生活中比较常见的物品，幼儿也不陌生。棉绳本身具有柔软、易变形的特性。幼儿配合音乐进行操作，更具游戏性。绳子画，顾名思义，就是用绳子蘸上颜料在一定范围内自由拖拽、旋转产生的痕迹画面。绳子在拖拽的过程中，就好像幼儿在奔跑。幼儿在与颜料的接触中，充分地感受绳子运动方向的不同所产生的不同线条轨迹，以及颜料自然混合的画面美感。

（二）幼儿发展

1. 幼儿在此表现形式中的发展现状

（1）区域游戏中，幼儿喜欢用手指或滴管蘸颜料在纸上随意涂鸦。

（2）在幼儿创作的涂鸦作品中，大部分幼儿比较喜欢使用单一的颜色，少部分幼儿会运用两三种颜色。

图 11　随意涂鸦

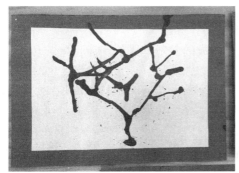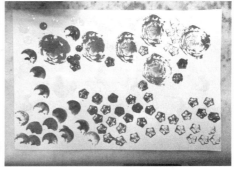

图 12　用色单一或使用两三种颜色

2. 对活动设计的启示

（1）在目标的制订上：要重点引导幼儿对游戏过程的快乐体验及对颜色、线条的美感体验。

（2）在物质材料准备上：可以在每种颜料旁提供多根贴有相同颜色标记的棉绳，以游戏和标记的形式提醒幼儿，避免使用一根棉绳蘸多种颜色。

（3）在活动过程中：可以尝试播放不同节奏的音乐，引导幼儿结合音乐的节奏特点尝试操作棉绳的不同方法，如拖拽、旋转、跳跃等。

二、活动内容

绘画（绳子画）——跑起来。

三、活动目标

1. 感受多种艺术形式交融引发创作游戏的乐趣。
2. 尝试多种操作棉绳的方法，充分感知用绳子绘画的乐趣。
3. 体验艺术形式的多样性，感受颜色、形状的变化给画面带来的美感。

四、活动重点、难点

（一）重点
引导幼儿感受绳子在拖拽过程中产生的不同线条轨迹所带来的快乐。

（二）难点
尝试用不同的方法进行创作并发现其颜色、形状的变化。

五、活动准备

（一）教师

1. 经验准备

（1）关于绳子。

指由两股以上的棉、麻、棕等纤维或金属丝绞合而成的条状物。"绳"字的绞丝旁，说明了它是由草、麻或丝绞合而成的。随着人们对生活的完美追求和工业的快速发展，绳子由 2 股、3 股、8 股、16 股、24 股、32 股、48 股编织而成，绳子表面纹路越来越细致、美观，可由一色或多色线绳有规律地编织在一起，材料可用麻丝、棕丝、丙纶丝、涤纶丝、棉纱、尼龙丝等纤维或金属丝编织，生活中到处可见。

绳子的种类有很多种，如：钢丝绳、棉纱绳、麻绳、尼龙绳、合成纤维绳、塑料绳等。本次活动选用纯棉的线绳。

为了避免棉绳中含有化学成分，影响幼儿蘸颜料进行创作的效果，在活动之前，需要将绳子用水煮沸，去掉化学成分，晾干后再使用。

（2）色彩的构成。

美术方面需要了解的内容主要是《色彩构成》的前半部分，学习一些简单的色彩使用规律，比如色彩对比、色调的变化、色彩的混合。滚珠画就属于空间混合，也称"第三混合"，是将两种或多种颜色穿插、并置在一起。在一定的视觉空间之外，颜色能在人眼中造成混合的效果，故称"空间混合"。其实颜色本身并没有真正混合，它们不是发光体，只是反射光的混合。

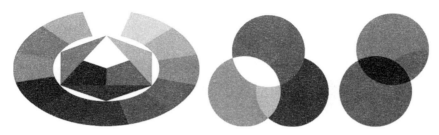

图 13　色调的变化　　　　　　　　图 14　色彩的混合

2. 物质准备

幼儿与小伙伴快乐奔跑的照片、多媒体播放器、风格不同的音乐（《小狗圆舞曲》《四小天鹅》《摇篮曲》等）。

（二）幼儿

1. 感受与欣赏

美国抽象表现主义绘画大师波洛克使用"滴画法"，将巨大的画布平铺在地上，把颜料滴溅在画布上，在画布四周随意走动，以反复无意识的动作画出复杂难辨、线条错乱、颜色叠加的画面，表现出摆脱一切束缚，追求自由、奔放的绘画风格。

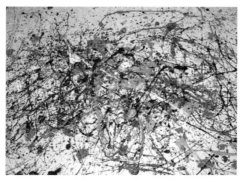

图 15　波洛克的绘画作品

2. 工具与材料

（1）工具：纯棉绳子（白色、5毫米粗、10厘米长）、鞋盒盖子（A4纸大小）。

（2）材料：A5彩色纸（浅黄色、浅粉色、浅蓝色均可），红色、黄色、蓝色3种颜色的水粉颜料（每人每色一管，颜料和水配比量为1∶2）。

（3）其他：颜料碟、毛毡、幼儿防水围裙。

第二步：创作的过程促情感表达

一、美好回忆

（一）主要问题

1. 照片上的小朋友们在干什么？

2. 跑的时候，可以怎么跑？

（二）实施要点

1. 出示孩子们快乐奔跑的照片，帮助幼儿回忆跑步的不同方式，如慢跑、快跑等。

教师：快来看看，照片上的小朋友在干什么？可以怎么跑？

2. 鼓励幼儿大胆表达自己的想法，可以用简单的语言或动作进行表达。

教师在幼儿回答的过程中可以追问，鼓励幼儿大胆表达自己的想法。如"除了快跑，还能怎么跑？""谁来学一学？""跑步的时候，你感觉如何？"待幼儿表达完后，对幼儿的想法予以肯定，"你的想法真好，非常有意思。"

二、自由创作

（一）主要问题

1. 小绳子可以怎么玩？

2. 还有什么办法可以让小绳子留下不一样的痕迹？

（二）实施要点

1. 和幼儿共同游戏，增加游戏的欢乐气氛。

教师以说儿歌、做游戏的方式引导幼儿掌握用棉绳蘸颜料创作的方法。

教师：一根线宝宝一个家，每根只穿一身衣，画完我再换根绳，一起跳舞真好玩！

2. 幼儿在风格不同的背景音乐中自由创作，教师根据幼儿创作给予个别指导。

幼儿开始创作时，教师播放轻音乐，每首音乐时长保证在90秒左右，教师可以适当提示幼儿关注音乐。

教师：这首音乐叫×××，好听吗？让你的绳子跟着音乐跳舞吧！看看绳子宝宝能走出怎样的小路。

3. 关注全体幼儿，针对个别幼儿给予个性化指导。

（1）预设情景 1。

幼儿表现：急于进行创作游戏，用一根绳宝宝蘸了多种颜色，发生颜料混色的现象。

教师指导：以游戏的口吻提示幼儿"×（颜色）的绳子宝宝送回×颜色的家；一根绳子宝宝只能蘸一种颜色，用完了要送回家"。

（2）预设情景 2。

幼儿表现：拿起绳子宝宝，用一种颜色从头画到尾。

教师指导：教师不要否定幼儿作品，可以引导幼儿用别的颜色尝试创作。

教师：要不要试试两种或三种颜色碰撞在一起的效果？

（3）预设情景 3。

幼儿表现：幼儿操作绳子的方式和表现的线条比较单一。

教师指导：教师用提问的方式引导幼儿发现操作方式与线条变化的关系，如"为什么你的绳子宝宝留下的线是直直的？你是怎么让它跳舞的？要想让绳子宝宝跳出不一样的线条，可以怎么做呢？"

（4）预设情景 4。

幼儿表现：对线条和颜色融合到一起后产生的变化感到惊奇。

教师指导：及时予以肯定并鼓励幼儿用语言表达自己的发现，如"哇！真漂亮，你是怎么做到的？"

第三步：创作的结束使情感延展

一、快乐分享

（一）主要问题

1. 你喜欢自己的作品吗？为什么？

2. 你用了什么颜色？你的小绳子是怎么跳舞的？都有什么样儿的线？

（二）实施要点

1. 鼓励幼儿大胆发挥想象，表达自己的感受并向同伴介绍作品。

教师用语言引导幼儿表达自己对作品的感受，如"你喜欢自己的作品吗？你最喜欢哪里？为什么？""你的小绳子是怎么跳舞的？"

2. 鼓励幼儿通过回答问题表达自己的想法，并给予肯定。

教师：你觉得怎么样？谁想来说一说？太棒了，你最喜欢自己的颜色搭配。你最喜欢旋转的线……嗯，说得真好，我也是这么认为的。

3. 小结幼儿创作过程中使用的方法。

教师对幼儿在创作过程中使用的方法进行小结，如"直直地拉着绳子宝宝跑，留下的痕迹就是直线；如果上下晃动绳子宝宝，就变成了波浪线；拉着绳子宝宝转圈，就会出现一圈一圈的线……"

二、幼儿园活动

（一）面向全体

1. 作品的用处

展示幼儿画作。

图 16　墙面展示

2. 多元表现与创造

幼儿用绳子在美工区进行绳子粘贴画创作。在户外活动中，用粗绳子进行拔河比赛。

图 17　美工区：绳子粘贴画　　　　图 18　体育活动：拔河

（二）关注个体

1. 创作中的典型表现

点点在创作过程中边听音乐边拉着绳子宝宝进行创作。他自言自语："哇，好像一条火车道啊！"蓝色的线出来之后，他又说："呜，我的火车开过来啦，请让一让。"同时用手做出开火车的动作。

2. 幼儿日常表现

点点平时喜欢和小伙伴一起玩儿，他特别喜欢蓝色和绿色，因此，他的绘画作品中多用蓝、绿两种颜色。小班的点点思维处于具体形象思维阶段，一般会边画边自言自语。向教师和其他小朋友讲述他的作品时，也是看到什么就说像什么。

3. 整体教育策略

（1）尊重幼儿的创造行为，给予幼儿充分的创作时间和空间。

（2）引导幼儿参与收集美术创作材料，并用于布置区域和生活环境，感受不同颜色带来的愉悦。也可以利用儿歌和游戏的形式，激发幼儿对颜色的兴趣。如利用幼儿喜欢的英文单词创编儿歌：绿色 green 春天笑，红色 red 夏天闹，黄色 yellow 秋天到，白色 white 雪花飘，黑色 black 包公脸，蓝色 blue 像天空，粉色 pink 桃花红，棕色 brown 老树皮，彩虹 colour 七颜色，紫色 purple 紫葡萄，橙色 orange 是橘子。

（3）请家长配合，创造更多机会让幼儿感受不同的颜色，如参观艺术展。

三、家庭活动

（一）活动内容
绘画（油画棒画）——游乐场里的线条。

（二）活动目的
1. 幼儿 愿意用各种线条表达自己想要表达的内容，从中感受快乐。

2. 家长 增强对线条种类的认识，感受幼儿美术活动的趣味性。

（三）活动准备
1. 感受与欣赏
引导幼儿感受与欣赏各种线条，如螺旋线、直线、曲线、折线等。

图 19　螺旋线

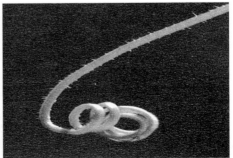

图 20　细直线加旋转的电话线

图 21　折线　　　　　　　　　　　　　图 22　直线

2. 工具与材料

油画棒（12 色）、A3 素描纸（家长用什么纸都行，素描纸是本次活动中使用的纸张）。

（四）活动过程

第一步：

1. 内容　创设情景。

2. 做法　提出问题，引导幼儿回忆。

家长行为：家长拉着幼儿的手，一起坐在沙发上，回忆去游乐场的情景。

家长语言：你最喜欢玩哪个游乐项目？为什么？你是怎么玩儿的？

第二步：

1. 内容　为绘画做铺垫。

2. 做法　引导幼儿说出"转""飞""摇摆"等游戏动作，并尝试进行总结。

家长语言：

（1）你喜欢的这个游戏是怎么玩儿的？我们一起来学学吧！

（2）我们一上一下、一上一下，真有意思！

（3）我们创造出了新的线条，"摇摇线""圈圈线"……

家长行为：家长带领幼儿模仿画直线、折线等动作。

第三步：

1. 内容　油画棒玩游戏。

2. 做法　与幼儿一起用油画棒进行自由创作。

互动语言：

（1）家长：油画棒听你说了这么多，觉得游乐场特别有意思，也吵着想去玩儿呢！咱们带着油画棒在这张白色的纸上玩玩吧！

（2）幼儿：好啊，好啊！我要带油画棒玩蹦床。

（3）家长：啊！那我带油画棒坐飞机，我们转啊转，呜，开到这边，再开到那边。

家长行为：引导幼儿挑选自己喜欢的颜色的油画棒，在白纸上和油画棒做游戏。

第四步：

1. 内容 展示作品，收拾绘画工具和材料。

2. 做法 与幼儿讨论展示作品并收拾绘画工具和材料。

家长语言：

（1）来，咱们一起来看看，油画棒玩了哪些游戏？画纸上都出现了它走过的哪些"脚印"？有直线、圈圈线……

（2）宝贝，你想把作品挂在咱们家的什么地方？

（3）咱们一起收拾一下吧！你想扔垃圾，还是擦桌子？

家长行为：带领幼儿一起收拾绘画工具和材料。

（五）作品欣赏

首先，准备油画棒和纸。其次，幼儿在白纸上画出各种线条。最后，幼儿的作品完成啦！

图 23 准备油画棒和纸

图 24 我的线条宝宝

图 25 画出各种线条

图 26 作品完成啦

（教师：陈 芒 幼儿园：北京市朝阳区劲松第一幼儿园）

第2周：绘画（水乳胶画）——小鱼游起来

第一步：创作的内容由情感而生

扫码看图片 2

一、活动背景

（一）幼儿情感

1. 幼儿表现

孩子们对自然角投放的小鱼十分感兴趣，他们喜爱小鱼，喜欢观察、喂养小鱼。

图 27　幼儿在自然角观察并喂养小鱼

2. 对活动设计的启示

（1）根据幼儿喜欢小鱼的兴趣点开展小鱼绘画活动。

（2）小班幼儿喜欢颜色鲜艳、柔软的材料，结合其年龄特点，投放便于幼儿操作的材料。因此，本次活动选用滴入颜料的乳胶作画，从而激发小班幼儿参与活动的兴趣。

（二）幼儿发展

1. 幼儿在此表现形式中的发展现状

有的幼儿手持去掉尖儿的牙签或小木棍挑动滴在乳胶上的颜料。有的幼儿用牙签或小木棍转圈搅动颜料。

图 28　挑　　　　　　　　　图 29　搅动

2. 对活动设计的启示

（1）鼓励幼儿尝试用木棍搅动滴在乳胶上的颜料，进行绘画创作。

（2）提供便于幼儿操作的、安全的工具，如配比好的乳胶、去尖儿的牙签或小木棍等。

二、活动内容

绘画（水乳胶画）——小鱼游起来。

三、活动目标

1. 对乳胶画充满好奇，喜欢用颜色在乳胶上进行绘画创作。

2. 能用小木棍搅动滴在乳胶上的颜料，画出不同造型的小鱼。

3. 通过观察，初步了解小鱼的基本外形特征，用小木棍搅动滴在乳胶上的颜料进行创作，并愿意与同伴分享自己的作品。

四、活动重点、难点

（一）重点

引导幼儿尝试用木棍搅动滴在乳胶上的颜料，进行小鱼创作。

（二）难点

能根据小鱼的基本外形特征，运用木棍搅动滴在乳胶上的颜料，勾画出小鱼的样子。

五、活动准备

（一）教师

1. 经验准备

（1）乳胶画：在用水稀释后的乳胶上滴上颜料，用木棍在有颜料的地方游走，创作出不同的图案。

（2）乳胶与水按照 1 ∶ 2 的比例稀释。

2. 物质准备

（1）工具：小木棍若干。

（2）材料：一次性大号纸盘，红色、黄色、蓝色 3 种颜色的颜料。

（3）其他：小鱼图片、小鱼实物、音乐《小鱼游游游》。

（二）幼儿

1. 感受与欣赏

教师出示各种小鱼的图片，如金鱼、燕鱼及其他热带鱼等，引导幼儿感受小鱼外形、颜色的不同。再出示装在透明玻璃杯里的实物小鱼，引导幼儿观察并感受真实的小鱼在水中游来游去、吐泡泡等。

图 30　金鱼

图 31　燕鱼

图 32　热带鱼

图 33　两条小鱼

图 34　透明玻璃杯里的小鱼

2. 工具与材料

（1）工具：小木棍、一次性纸盘。

（2）材料：颜料（红色、黄色、蓝色）。

（3）其他：毛巾。

第二步：创作的过程促情感表达

一、美好回忆

（一）主要问题

1. 你们都见过什么样儿的小鱼？

2. 你喜欢的小鱼长什么样儿？

（二）实施要点

1. 通过创设情景，幼儿模仿小鱼游的动作走进教室，激发幼儿参与活动的兴趣。

幼儿进入教室前播放《小鱼游游游》的音乐，请幼儿模仿小鱼"游"进教室，并请"小鱼们"游到小椅子上坐好。教师引导幼儿说一说："你们都见过什么样子的小鱼？谁来学一学，它们是怎么游来游去的？"通过回答和模仿小鱼游的动作激发幼儿参与活动的兴趣。

2. 出示小鱼图片，引导幼儿认真观察图片，大胆说出自己喜欢的小鱼样子，通过谈话激发幼儿的创作欲望。

教师：这些都是小朋友们喜欢的小鱼图片。谁来说一说，你喜欢的小鱼长什么样儿？小鱼的身体是什么形状的？

二、自由创作

（一）主要问题

1. 你想画什么样儿的小鱼？
2. 你的小鱼在干什么？

（二）实施要点

1. 鼓励幼儿大胆创作自己喜欢的小鱼。

提供红色、黄色、蓝色3种颜色的颜料，鼓励幼儿大胆选择自己喜欢的颜色进行创作。在创作过程中，引导幼儿仔细观察透明玻璃杯里的小鱼，根据小鱼的基本外形特征进行创作。

教师：你的小鱼身体是什么形状的？你的小鱼跟杯子里的小鱼哪里不一样？你画的这条小鱼真可爱！

通过与幼儿互动交流，激发幼儿画出自己喜欢的、跟其他小朋友不一样的小鱼。

2. 通过分享，使幼儿感受创作小鱼的乐趣，喜欢自己画的小鱼。

在创作过程中，引导完成作品的幼儿相互分享自己创作小鱼的方法，感受其他小朋友画的小鱼与自己的不同。"你的小鱼是长长的。""你的小鱼是圆圆的。"激发幼儿创作兴趣，让他们喜欢绘画创作。

3. 关注全体幼儿，给予个性化指导。

（1）预设情景1。

幼儿表现：用木棍没有目的地乱画。

教师指导：用欣赏的眼光去引导幼儿。

教师：你画的小鱼和其他小朋友画的小鱼不一样。你能告诉我，你画的是什么样子的小鱼吗？哪里是小鱼的头？哪里是小鱼的身体？

根据小鱼的外形特征，引导幼儿有目的地进行创作。

（2）预设情景2。

幼儿表现：遇到困难或不敢操作。

教师指导：及时鼓励幼儿，引导幼儿大胆创作或陪伴幼儿共同完成作品。

教师在巡回指导的过程中，关注不敢动手操作的幼儿，激发他们大胆创作。

教师：你想画一条什么样子的小鱼？它是什么形状的？你想怎么做？老师陪着你。你来教教我，好吗？你还想做什么？咱们再来试一试。

第三步：创作的结束使情感延展

一、快乐分享

（一）主要问题
我们把喜欢的小鱼送回海底世界吧！看看海里都有什么样子的小鱼。

（二）实施要点
创设海底世界情景，幼儿将自己的作品放到教师提前创设好的情景中，增加分享的乐趣。幼儿通过集体分享作品，学会欣赏其他小伙伴的作品。请幼儿向大家介绍自己创作的是什么样子的小鱼，并简单地说一说自己是用什么方法创作的。

二、幼儿园活动

（一）面向全体
1. 作品的用处

（1）将幼儿的作品在美术区进行展示，或用于装饰班级环境。

（2）将幼儿创作的小鱼作品放到自然角，让幼儿观察自己画的小鱼和自然角喂养的小鱼有何不同。

图 35　美术区环境创设

图 36　自然角环境创设

2. 多元表现与创造

（1）幼儿在美工区活动中，用超轻泥制作小鱼。

（2）幼儿去海洋馆参观，认识各种鱼。

图 37　泥塑小鱼　　　　　　图 38　去海洋馆认识各种鱼

（二）关注个体

1. 创作中的典型表现

　　轩轩在创作过程中，没有勾画小鱼，而是对乳胶和颜料这两种材料产生了探究兴趣。只见轩轩一直在用小木棍进行搅拌，对颜料通过小木棍搅拌后发生的变化十分好奇，还叫我过来欣赏他搅拌后的作品。我看到他的作品后，先肯定并欣赏他的作品，再用好奇的语气问他："你和其他小朋友创作的小鱼很不一样啊！你能告诉我，你画的小鱼头在哪里、身体在哪里吗？"轩轩很诚实地告诉我："我没有画小鱼，但是这个颜料用小木棍搅拌之后，可以散开，而且特别好看。你看，像不像一块漂亮的纱巾？跟我妈妈的那条特别像。"我听后继续用肯定的语气引导轩轩："哎呀！真是，真像一条漂亮的丝巾！你都能用小木棍勾画出这么漂亮的丝巾，那你一定也能画出一条漂亮的小鱼。"轩轩听完后，点点头，告诉我："那我就画一条漂亮的小鱼。画完后，我再让你看一看。"我对轩轩点点头。

2. 幼儿日常表现

　　轩轩在班里是一个喜欢探索的小朋友，他对新奇的事物十分感兴趣，也喜欢进行尝试。班里投放新的区域材料时，轩轩都是第一个去尝试、体验，并能有自己的发现，只是他不能按照要求去做事情。

3. 整体教育策略

　　（1）日常生活中，对于轩轩的大胆尝试要及时肯定。

　　（2）平时，发现轩轩能按照要求完成一件事的时候，要及时鼓励，并让轩轩跟大家分享自己是如何做的，从而帮他树立信心，激发他按要求做事的兴趣。

　　（3）家长陪伴轩轩一起游戏，在边做边玩的过程中，引导他分享自己的发现，在其能按要求做事后及时表扬。

三、家庭活动

（一）活动内容

手工（纸塑）——纸浆里的小鱼。

（二）活动目的

1. 幼儿　使用不同材料和乳胶结合在一起，表现出不同的小鱼。

2. 家长　通过亲子美术创作拉近家长与幼儿之间的距离，在亲子创作中体验废旧材料创作美术作品的快乐与成就感。

（三）活动准备

1. 感受与欣赏

感受与欣赏各种纸塑作品，如《大树和房子》《山里的小村庄》《小猫》等。

图39　纸塑作品《大树和房子》　图 40　纸塑作品《山里的小村庄》　图41　纸塑作品《小猫》

2. 物质准备

（1）工具：奶粉桶、木棍。

（2）材料：碎纸屑、乳胶、水、颜料。

（四）活动过程

第一步：

1. 内容　和孩子共同回忆之前见过的鱼。

2. 做法

家长语言：我们以前去海洋馆或者在书上都见过什么样子的鱼？

家长行为：找到有小鱼的书或是去海洋馆的照片，家长和幼儿一起回忆并认识各种鱼。

第二步：

1. 内容　启发幼儿一起动手用乳胶、碎屑、颜料创作纸塑画。

2. 做法

家长语言：今天，我们会用到乳胶和颜料，除了这两样东西，我们多了一个奶粉桶、木棍、水和碎纸屑。你知道这些碎纸屑是怎么来的吗？（废旧的打印纸、报纸等）不过，今天的碎纸屑还不够多，你可以和我一起再动手撕一些吗？

① 也可以将撕好的碎纸放进装有水的奶粉桶中。

家长：现在，我们一起把碎纸屑都放进水里。

② 将乳胶与水按照 2:1 的比例倒入奶粉桶里，进行搅拌。

家长：你想做一条什么颜色的小鱼？你喜欢什么颜色，就去拿你喜欢颜色的颜料，把它倒进桶里，搅拌均匀。

③ 将染上颜色的纸屑捞出来，放在桌子上，然后进行纸塑小鱼的创作。

将完成的纸塑小鱼晒干后，在鱼头的位置穿孔，将其悬挂在家里，也可以将作品作为摆件，摆放在孩子的房间里，也可以将作品带到班里，跟其他小伙伴分享。

第三步：

1. 内容　为作品取名字。

2. 做法

家长语言：为我们的作品取个名字吧！

家长行为：和孩子一起为作品命名，并拍照留念。

（五）作品欣赏

下面是班里几个小朋友和家长共同创作的纸塑作品。

图 42　乔乔家创作的　　图 43　龙龙家创作的
　　　　《漂亮小鱼》　　　　　　　《小金鱼》

图 44　轩轩家创作的《小鱼找朋友》

（教师：韩　静　幼儿园：北京市朝阳区亚运村第二幼儿园）

第3周：绘画（拓印画）——杨树花变魔术

第一步：创作的内容由情感而生

扫码看图片3

一、活动背景

（一）幼儿情感

1. 幼儿表现

（1）操场上，幼儿发现了满地的杨树花，并被它们吸引。她把杨树花拿在手里，仔细地观察着。

（2）孩子们蹲在地上，观察杨树花，还用手摆弄着。有的说杨树花像毛毛虫，有的说像面条，还有的把杨树花一根一根地捡起来，拿在手里。

图 45　观察杨树花

图 46　捡拾杨树花

2. 对活动设计的启示

（1）通过对幼儿的观察，教师发现，幼儿特别喜欢捡拾、摆弄从树上掉下来的杨树花。因此，在集体活动的题材上，把活动内容定为看看杨树花还能有什么变化，从而设计了"杨树花变魔术"的活动。

（2）孩子们喜欢用杨树花拼摆，小班幼儿又特别喜欢玩色游戏，而材料作品不好保存。因此，准备采用拓印的方式开展"杨树花变魔术"的活动，希望通过多变的色彩及杨树花造型的变化，激发幼儿玩色的兴趣。

（二）幼儿发展

1. 幼儿在此表现形式中的发展现状

（1）幼儿用滚筒模具和单个模具尝试拓印。

图 47　尝试使用模具拓印

（2）幼儿用单个模具进行拓印，并在拓印后进行添画。创作过程中，幼儿用色比较单一。

图 48　拓印后添画

（3）用杨树花进行制作时，幼儿感到无从下手。区域游戏时，幼儿用色比较单一。

图 49　不会使用杨树花进行创作　　　图 50　用色比较单一

2. 对活动设计的启示

（1）在目标的制订上：突出幼儿对杨树花拓印画在制作方法上的尝试。

（2）在物质材料的准备上：在颜料的准备和提供上，选择明快、鲜艳的颜色，颜料不宜过稀或过稠，以用笔蘸完颜料不滴落为宜。杨树花尽量选择长一些的，以方便幼儿操作。

（3）在活动过程中：教师可参与到活动中，引导幼儿尝试不同的拓印画制作方式，通过拓印玩色，使幼儿感受色彩混合在一起的变化美。

二、活动内容

绘画（拓印画）——杨树花变魔术。

三、活动目标

1. 尝试用杨树花拓印的方式进行创作，乐于尝试不同的绘画表现形式。
2. 愿意选用不同颜色的颜料，通过按、压、甩等方式制作杨树花拓印画。
3. 知道杨树上开的花是杨树花。

四、活动重点、难点

（一）重点
激发幼儿用杨树花制作拓印画的愿望。
（二）难点
引导幼儿用按、压等方式将粘在杨树花上的颜料印在纸上。

五、活动准备

（一）教师
1. 经验准备
（1）美术方面。

认识三原色、三间色和色相环。了解可以使用可洗颜料进行各种蔬菜拓印创作。

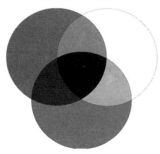
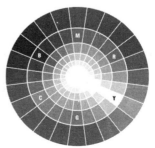

图 51　认识三原色及三间色　　图 52　色相环

图 53 可洗颜料

图 54 用蔬菜进行拓印

（2）人文方面。

拓印就是利用材料的纹路在纸上表现出意想不到的肌理效果。随着时代的发展，拓印版画的制作方式也发生了一些变化。很多人会选用在自然物上涂色，再将其印在纸上，呈现出自然物天然的纹理样式。

拓印的手法多种多样，有扑墨拓、擦墨拓、乌金拓、蝉羽拓、蜡拓、扫拓、色拓等。制作拓印画时要注意颜料干湿得当。颜料太湿，会糊成一片，体现不出拓印物的纹理。颜料太干，又不能把拓印物的轮廓与形状很好地表现出来。

2. 物质准备

不同的杨树花照片（整体的、局部的、落在地上的）、幼儿捡拾杨树花的照片、杨树花实物。

（二）幼儿

1. 感受与欣赏

感受与欣赏自然界各种花花草草的形状、颜色，生活中食物、灯光、玩偶等的色彩、造型，以及各种创意画、拓印画等。

图 55 油菜花

图 56 野樱桃

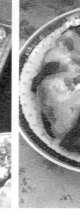

图 57　寿司拼盘　　　　　图 58　五彩年糕

图 59　灯光乐园　　　　　图 60　动态人偶

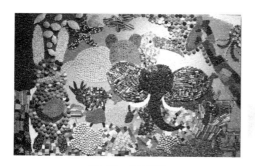
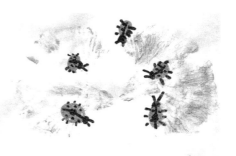

图 61　创意画　　　　　图 62　拓印画

2. 工具与材料

（1）工具：装颜料用的纸盘 4 套（每套 4 个）、剪刀若干、纸巾人手一张（比绘画用纸小一些即可）、小垃圾筐每桌一个。

（2）材料：杨树花（教师提前检查幼儿有无过敏情况）、水粉纸、水粉或丙烯颜料（红色、黄色、蓝色、绿色）。

（3）其他：罩衣若干件、擦手布人手一块、每桌一块桌布。

第二步：创作的过程促情感表达

一、美好回忆

（一）主要问题

当发现杨树花发生变化时，你的心情是怎样的？

（二）实施要点

1. 教师用变魔术的方法变出杨树花照片及幼儿捡拾杨树花的照片，引导幼儿回忆当时的情景。

（1）教师提供不同样子的杨树花照片，有整体的、局部的，还有落在地上的。

（2）幼儿对于自己心情的描述，可以是积极的，也可以是消极的。教师应接受幼儿不同的想法和感受。

2. 请幼儿用肢体语言尝试模仿杨树花的样子。

请幼儿分别模仿树上的杨树花是什么样儿的、落在地上的杨树花是什么样儿的。通过模仿，使幼儿发现杨树花不同的造型变化。

3. 简单了解杨树花，知道它对人们有利也有害。

（1）教师导入：很多小朋友觉得杨树花好玩儿，很喜欢它。其实，它还有很多其他的用途。

（2）简单介绍杨树花的益处和害处，如可以制作成药材、会造成个别人花粉过敏等。

二、自由创作

（一）主要问题

1. 杨树花长得什么样儿？像什么？

2. 你想把杨树花变成什么？怎么变？

（二）实施要点

1. 幼儿自由摆弄杨树花，在摆弄过程中，教师及时捕捉幼儿的兴趣点，

激发幼儿创作欲望。

幼儿随意摆弄杨树花的过程中，教师一定要关注到每一个幼儿，引导幼儿自由交流，分享自己用杨树花拼摆出来的造型。

2. 教师出示颜料盘，展示新的杨树花玩法和变化。

重点强调可以通过按、压等方式将粘有颜料的杨树花拓印在纸上。

3. 幼儿进行杨树花拓印画的创作。

（1）幼儿创作过程中，教师要及时给予肯定，使幼儿能大胆、自主地创作。教师也可以参与其中，和幼儿一起创作。

（2）在幼儿尝试创作的过程中，教师可以引导幼儿用语言表达自己的感受。

4. 关注全体幼儿，给予个性化的指导。

（1）预设情景1。

幼儿表现：幼儿拿着杨树花甩来甩去。

教师指导："你的杨树花是在跳舞吗？我们让它在纸上跳舞吧！"

（2）预设情景2。

幼儿表现：幼儿不愿拿着杨树花去蘸颜料，怕弄脏手。

教师指导：递给幼儿擦手布，提示其手脏了可以用布擦。

（3）预设情景3。

幼儿表现："老师，我不会印。"

教师指导：引导幼儿将纸巾放在杨树花上，按压鼓起来的地方。

第三步：创作的结束使情感延展

一、快乐分享

（一）主要问题
你把杨树花变成了什么？你是怎么变的？

（二）实施要点
1. 将幼儿的作品在作品展示墙上展出。

教师提前准备好一面作品展示墙，请完成作品的幼儿陆续将自己的作品展示在上面。

2. 在轻松的氛围下，幼儿互相交流、欣赏作品。

（1）请幼儿说一说自己用杨树花变出了什么，是怎么变的。

（2）通过表达引导幼儿感受色彩、线条的变化。

3. 教师对幼儿的表现进行小结。

教师用幼儿能理解的语言小结幼儿作品，并将幼儿作品摆放在艺术区。在摆放幼儿作品时，教师可以询问幼儿的意见，同时应注意作品摆放的艺术性。

二、幼儿园活动

（一）面向全体

1. 作品的用处

和幼儿一起商讨后，将幼儿作品悬挂、晾干，同时进行展示。

图 63　悬挂、晾干并展示作品

2. 多元表现与创造

（1）幼儿用不同的纸和颜料进行杨树花拓印，产生不同的创作效果。

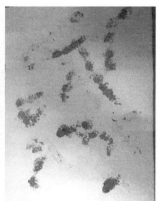

图 64　不同背景纸的杨树花拓印作品

（2）幼儿用杨树花拼摆出不同的图案。

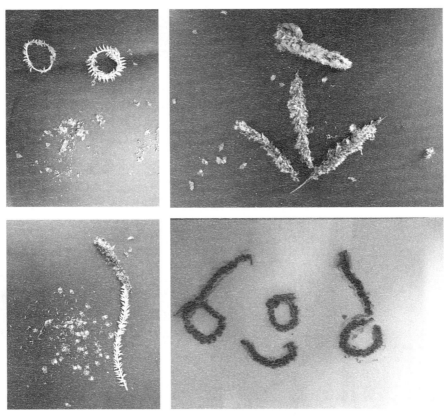

图 65　幼儿用杨树花拼摆出的作品

（3）教师引导幼儿认识杨树和杨树花，开展相应的教学活动。

图 66　认识杨树与杨树花的活动

（二）关注个体

1. 创作中的典型表现

创作过程已经开始了，佳佳却迟迟没有动手，一直看着旁边的小朋友们。当大家边说边笑印了很多之后，佳佳才小心翼翼地用手指捏起一条杨树花，在黄色的颜料盘里蘸颜料。创作过程中，佳佳一直用黄色颜料进行拓印，没有使用其他颜色的颜料。他每次用杨树花印完一下后，就会把它扔掉。

图 67　佳佳没动手，看着其他幼儿创作　　图68　佳佳用手指捏起一条杨树花，蘸上颜料

图 69　佳佳每次用杨树花印完之后，就会把它扔掉

图 70　幼儿作品：杨树花拓印

2. 幼儿日常表现

佳佳平时很少到艺术区游戏，偶尔去艺术区也是进行制作或玩纸黏土等，很少尝试玩色游戏。相对于艺术区，佳佳更喜欢去积木区进行游戏，搭建出来的作品经常出人意料。佳佳平时比较在意别人对他的评价，做事小心谨慎，喜欢反复做一件事，很少尝试新事物。

图 71　佳佳在玩纸黏土的游戏　　图 72　佳佳喜欢在积木区玩搭建的游戏

3. 整体教育策略

（1）引导佳佳多接触不同形式的艺术活动，丰富其艺术感受，为其创设更多动手探索、尝试及大胆表现的机会。

（2）在佳佳创作过程中，教师不宜直接干预，可用平行游戏的方式，在一旁进行印、压等创作，潜移默化地支持、引导佳佳创作。在佳佳完成作品后，将其作品进行展示，鼓励其用作品布置环境，以提高其自信。

（3）在平时的活动中，教师和家长都要对佳佳好的行为给予具体、有针对性的肯定和表扬，让他对自己的优点和长处有所认识，并感到满足和自豪。

三、家庭活动

（一）活动内容

手工（拼贴画）——杨树花。

（二）活动目的

1. 幼儿 尝试用杨树花进行拼贴画创作，乐于尝试不同的艺术表现形式。

2. 家长 通过和幼儿共同制作杨树花拼贴画，增进亲子感情。创作过程中，能倾听孩子的想法和感受，尊重孩子的创作意图。

（三）活动准备

1. 感受与欣赏

感受与欣赏杨树花拼摆后的样子。

图 73　杨树花拼摆后的样子

2. 工具与材料

（1）工具：剪刀。

（2）材料：不同种类的杨树花若干（长短不限）、A4 大小彩色纸 2～3 张、乳胶。

（3）其他：罩衣、抹布、桌布（根据家庭情况，也可以利用报纸或透明塑料桌布）。

（四）活动过程

第一步：

1. 内容 游戏导入——杨树花变变变。

2. 做法

家长语言：宝贝，咱们来玩个游戏。你看这个杨树花能变成什么呢？看妈妈（爸爸）变一个，你来猜猜是什么？你想一想还能变成什么？

家长行为：和宝贝手拉手去捡杨树花，边捡边问。

第二步：

1. 内容　把杨树花拿回家，进行拼摆。

2. 做法

家长语言：宝贝，杨树花真有意思，能变出这么多不一样的东西。刚才是一条杨树花在变，那这么多杨树花拼在一起，还能摆出什么呢？

家长行为：和孩子一起收集更多的杨树花，并装在袋子里，拿回家进行拼摆。

第三步：

1. 内容　尝试拼摆。

2. 做法

家长语言：宝贝，你想好要摆什么了吗？好的，就听你的，让我们一起摆一摆。

家长行为：

（1）把杨树花放在彩色纸上进行拼摆。

（2）当孩子无从下手时，可以扶着孩子的手进行拼摆。

（3）针对想要拼摆的造型，在拼摆过程中和孩子进行语言的交流与互动。

（4）伸出大拇指夸奖孩子，给孩子更多的鼓励。

第四步：

1. 内容　固定杨树花。

2. 做法

家长语言：宝贝，我们的杨树花摆放好了。现在，要用乳胶把它粘牢固。我们要一个一个地粘。粘的时候，不要挤太多的乳胶。

家长行为：扶着孩子的小手，共同用乳胶固定杨树花。

第五步：

1. 内容　共同欣赏作品。

2. 做法

家长语言：今天，妈妈（爸爸）和你一起制作杨树花拼贴画真高兴！让我们一起看看你拼的×××。下次，你还想用杨树花拼一个什么造型？

家长行为：跟孩子一起欣赏自己的作品，用具体的语言肯定孩子的表现，如"你摆的杨树花弯弯曲曲的，真有趣！"

（五）作品欣赏

幼儿和家长一起用杨树花拼摆各种造型，如小汽车、跳舞的小人等，共同欣赏作品。

图 74　一起尝试拼摆

图 75　共同欣赏

图 76　小汽车

图 77　跳舞的小人

（教师：郭天晓　幼儿园：北京市朝阳区枣营幼儿园）

第4周：手工（泥塑）——美丽的小花

第一步：创作的内容由情感而生

一、活动背景

（一）幼儿情感

扫码看图片4　　扫码看视频1

1. 幼儿表现

（1）孩子们最喜欢在幼儿园里、回家的路上发现并观察春天开放的花朵。

（2）在过渡环节，孩子们学着照顾班里的植物，摸摸、闻闻植物，和同伴聊聊自己发现的变化。

图78　观察迎春花

图79　照顾自然角的植物

2. 对活动设计的启示

（1）基于孩子们对花朵的喜爱及浓厚的兴趣，可以开展一些关于"花朵"的活动。

（2）小班幼儿喜欢色彩鲜艳的事物，他们正处于动作发展期，喜欢团团、捏捏等动手活动。因此，可以选用颜色丰富、易于塑形的超轻黏土作为主要材料进行美术创作。幼儿的情感表现让教师想到让幼儿尝试运用团、搓、压等手法制作花朵，在玩中感受美、体验美和创造美。

（二）幼儿发展

1. 幼儿在此表现形式中的发展现状

（1）幼儿不会分泥，常常乱抓泥或把泥拉得很长。

（2）幼儿运用团圆、压扁的方法制作花朵，但组合方法较为单一。

图 80　分泥时，将泥拉得很长　　　　图81　用泥制作花朵，组合方法单一

2. 对活动设计的启示

（1）在活动目标的制订上，要突出引导幼儿了解花朵造型的多样性及如何组合花朵。

（2）要选择水分适中的超轻黏土，避免因超轻黏土较黏造成不易分泥的现象发生。同时，加强对幼儿常规的提示，如分泥的技巧、取放超轻黏土的要求、操作后的桌面整理等。

（3）引导幼儿多欣赏造型多样的花朵图片，给予幼儿适当的支持与引导，鼓励幼儿通过不同的组合进行创作，针对动手能力弱的幼儿进行个别指导。

二、活动内容

手工（泥塑）——美丽的小花。

三、活动目标

1. 喜欢各种形态的花朵，愿意用泥塑的形式进行表现。
2. 能够运用团圆、搓条、压扁等手法组合创作各种造型的小花。
3. 关注身边多样的植物，感受大自然的美。

四、活动重点、难点

（一）重点
丰富幼儿对花朵形态多样性的感受。

（二）难点
尝试运用不同塑形技能组合创作美丽的花。

玩美术　慧生活

幼儿美术"情感三部曲"教学模式的探索与实践　小班（下）

五、活动准备

（一）教师

1. 经验准备

（1）了解泥塑的制作及组合创作方式。

所谓组合即由几个部分或个体组合形成整体。运用在泥塑中就是把不同形状的泥土组合起来成为一个新的整体。组合创作的方式有：叠加、重复、聚散、大小组合等。制作方法除了基本的手法，如团、搓、压等，也可以采用泥条盘筑法、泥板围合法、泥球叠加法等。

图 82　此作品中的花朵运用了
　　　　叠加、大小组合等方式
　　　　制作出花瓣的形态

图 83　作品中的花朵运用了聚
　　　　合、重复、大小组合等
　　　　方式

图 84　作品运用了制作方法中的
　　　　泥条盘筑法，把泥条一圈
　　　　圈地盘起来，最终完成
　　　　作品

图 85　作品中的花朵运用了泥片围合
　　　　的方式，把泥片（花瓣）一层
　　　　一层围在一起，制作出了花朵
　　　　层层包裹的样子

（2）感受花朵形态的多样性。

图 86　龙吐珠花

图 87　红千层花

图 88　西番莲花

图 89　风信子花

图 90　蝴蝶兰花

图 91　荷包牡丹花

2. 物质准备

魔法帽、魔法棒、多媒体课件、各种花朵图片、轻音乐《夜的钢琴曲5》、作品展示袋、音乐《蝴蝶找花》。

（二）幼儿

1. 感受与欣赏

感受与欣赏各种花朵不同的颜色和外形特征。

图 92　黄刺玫花　　　　　图 93　红萼苘麻花　　　　图 94　月季花

2. 工具与材料

（1）工具：垫板、泥工垫、泥工盒。

（2）材料：超轻纸黏土（红色、黄色、粉色、绿色、紫色 5 种颜色）。

（3）其他：罩衣。

第二步：创作的过程促情感表达

一、美好回忆

（一）主要问题

1. 这些花中，你喜欢哪朵花？为什么？

2. 它们是什么样子的？

3. 怎样用泥制作出这些花朵呢？

（二）实施要点

1. 教师以魔术师的身份导入活动，激发幼儿参与活动的兴趣。

教师头戴魔法帽、手拿魔法棒，说："今天，老师是一名魔法师。看，神奇的事情就要发生了。"教师可以挥动魔法棒，烘托出神秘的气氛，说："变!"同时，大屏幕上出现各种花的图片。

2. 请幼儿观看大屏幕上的花朵图片，耐心等待并观察幼儿的表情或动作。

幼儿看到大屏幕上的花朵，有可能会发出感叹"哇"，教师可以提问："你们为什么'哇'呀?"幼儿有可能说"花""好多花""这些花真好看"等。教师可以提问："这些花里，你喜欢哪朵花？为什么？"

3. 鼓励幼儿以多种形式表达自己的认知与发现，如语言表达、动作表演等，让所有幼儿参与其中，加深对花朵形态的认知。

幼儿有可能会回答："我喜欢那朵粉的。"教师可以提问："为什么呀？"幼儿有可能回答"因为它好看"或"因为我喜欢粉色"或"因为它很香"。教师可以提问："它哪儿好看？"或"你还喜欢它什么？"或"你都闻到香味了，那它是什么样子的？"幼儿有可能说"一圈一圈地卷在一起的"，有可能用动作来表现，用手指画出一圈一圈的，有可能一边说"像龙卷风"，一边摆动大臂、原地转圈，模仿龙卷风的样子。教师可以鼓励全体幼儿一起表演。

对其他花朵的认知也可以以这种形式进行。

4. 引导幼儿说说怎么分泥与制作花朵的方法，教师总结。

教师总结幼儿的动作及语言："刚刚有的小朋友说这些花有的像龙卷风，有的像桃心，有的长了好多好多刺儿，有的像灯笼，有的像蝴蝶，那怎样用泥来表现这些形状的花朵呢？"幼儿会用动作或语言来演示、形容，之后请幼儿用泥来尝试制作花朵。最后，教师总结："小朋友们可以利用搓条、团圆、压扁的方法制作细细的刺、花朵的花芯、花茎、花瓣，再把它们组合到一起，就变成了一朵美丽的花儿。"

二、自由创作

（一）主要问题
你想做一朵什么样儿的花儿？
（二）实施要点
1. 教师倾听幼儿的回答，根据幼儿的回答指出幼儿组合花朵的技巧。

教师提问："那你想做一朵什么样儿的花儿？"幼儿有可能回答"龙卷风花""好多刺的花""心形的花""小人花"等。教师可以根据幼儿的回答提出建议："你的龙卷风可以一圈一圈地盘起来。你的心形花可以加上好多层，一层一层地由小到大叠加上去。"同时，配以幼儿能理解的动作，如两只手交替搓在一起等。

2. 鼓励幼儿根据自己的回答，用超轻黏土来制作美丽的花朵。

教师可以说："小朋友们的想法都很好，我都想快点儿见到你们做的美丽小花了。"

3. 引导幼儿根据自己的需要拿取超轻黏土，在垫板上进行美丽小花的制作。鼓励幼儿遇到困难时主动寻求教师的帮助，注意保持桌面及地面的整洁。

教师可以说："在制作前，老师要提三个小要求。第一，请小朋友们用多少泥就拿多少，不要浪费。第二，请你们在垫板上进行制作。第三，如果遇到问题可以告诉老师，老师会和你一起想办法。这三点要求，你们能不能做到呀？"幼儿会回答："能。"教师播放轻音乐《夜的钢琴曲5》，可以说："现在，让我们听着好听的音乐，开始制作吧！"

（1）预设情景：幼儿不会用超轻黏土表达自己的想法。

教师指导：询问幼儿的想法，帮助幼儿梳理制作思路，如幼儿的想法超出自己的制作能力范围，教师可以帮助幼儿一起完成，同时边做边说，引导幼儿仔细观察花朵外形特征并再次创作。

（2）预设情景：幼儿把多种颜色的超轻黏土混在一起，制作出真实生活中没有的花的颜色。

教师指导：肯定幼儿的想象，为幼儿提出合理的建议。

（3）预设情景：幼儿迟迟不肯动手制作，主要是不敢做，怕自己做不好。

教师指导：教师蹲在幼儿身边，询问并肯定幼儿的想法，增强幼儿的自信心，鼓励幼儿大胆制作。幼儿动手制作后，应及时表扬。

（4）预设情景：幼儿分泥时，拉出很长的泥条。

教师指导：手把手地教幼儿把需要的泥用手握住，再往下揪，揪出来一部分泥。

第三步：创作的结束使情感延展

一、快乐分享

（一）主要问题

你喜欢哪朵花？为什么？

（二）实施要点

1. 引导幼儿把做好的作品放入作品展示袋中并戴在自己的胸前。

教师可以说："制作好的小朋友可以把你的小花放入作品展示袋中，戴在胸前。也可以欣赏一下其他小朋友的作品，看看别的小朋友做的是什么样儿的花。"

2. 教师带领幼儿玩"蝴蝶找花"的音乐游戏，并请幼儿分享自己的作品。

幼儿制作完成后，教师可以说："我们小朋友制作的小花太漂亮了！看，美丽的蝴蝶都被吸引过来了。"教师播放音乐《蝴蝶找花》，带领幼儿模仿蝴蝶飞，做各种好看的舞蹈动作。当听到歌词"快快飞到我这里"时，教师停在一位幼儿面前，教师可以说："美丽的蝴蝶停在了这朵花上。请你来介绍一下你的这朵花吧！"幼儿介绍自己的花。

3. 引导幼儿大胆表达自己喜欢哪朵花以及喜欢的理由，教师认真倾听幼儿的感受，肯定幼儿的想法。

教师提问："在这么多花中，你还喜欢哪朵花？为什么？"幼儿可能说"我喜欢那朵黄色的花"或"我喜欢某某小朋友的花"。教师问："为什么？"幼儿说出理由，教师及时肯定幼儿的想法并帮助幼儿提升制作花朵的经验。如幼儿说："因为它有好多层。"教师可以说："确实，它是一层一层叠加上去的。很漂亮，对不对？"然后反复进行游戏，让其他幼儿继续分享自己的作品。

4. 运用幼儿能够理解的语言小结幼儿作品，如形态、制作方法及组合方式等，帮助幼儿总结、提升制作经验。

教师可以说："小朋友们介绍了这么多美丽的小花，老师也想介绍一下。老师喜欢……所有小朋友的花。"说到"老师喜欢"的时候，可以停顿一下，引起幼儿关注和兴趣，然后根据幼儿制作情况进行总结，如"因为有的小花像小蜗牛，有的像小人，有的是一层一层叠加起来的，有的是一圈一圈地盘起来的，每朵花都很漂亮，所以老师都很喜欢。"

二、幼儿园活动

（一）面向全体

1. 作品的用处

（1）幼儿把花摆放在娃娃家，美化了区域环境，还说："好漂亮的家呀！"

（2）幼儿把花放在自然角，说："小花再也不会死了。"

图95　用花装饰、美化娃娃家环境　　　图96　将花摆放在自然角

2. 多元表现与创造

（1）幼儿用扣子、小绒球组合，拼摆制作了一朵小花。

（2）幼儿用水粉进行手指点画，画出了《桃花朵朵》。

图97　用扣子、小绒球拼摆制作小花　　　图98　水粉手指点画创作小花

（3）幼儿把花瓣装进袋子里，做成香包。

（4）幼儿用皱纹纸团纸粘贴的方式创作了《花儿朵朵开》。

图 99　用花瓣制成香包　　图 100　用皱纹纸团纸粘贴的方式创作小花

（二）关注个体

1. 创作中的典型表现

在本次活动中，孩子们被好看的花朵吸引了，能够积极地说出自己的想法。在开始制作时，牛牛坐在座位上，捏着、扯着超轻黏土，一会儿就听到有人说："老师，牛牛把泥都粘在桌子上了。"于是，我走过去对牛牛说："牛牛，你的小花呢？""我没有。""那要加快速度做一个了。""你帮我做吧！你做得好。""牛牛也能做好，老师相信你。"可是，牛牛还没有动手制作。"那我们一起做吧！"就这样，牛牛和我一起做起了花朵。

2. 幼儿日常表现

在平时，牛牛遇到事情就会请教师或其他小朋友帮忙，如午睡脱衣服时，牛牛一直坐在椅子上玩，教师上前询问后，牛牛会说："你帮我吧！"有时，有的小朋友会帮他脱衣服，他还会说："加油！你有力气拽下去的。"

3. 整体教育策略

（1）鼓励幼儿遇到问题的时候，首先自己想办法解决问题，使幼儿相信自己有能力解决困难。当幼儿尝试解决后，教师要及时肯定幼儿，使其树立自信。

（2）教师应丰富幼儿经验，给幼儿自己体会、思考、操作的机会，让幼儿获得经验与方法，学会自己解决问题。

（3）与家长沟通交流，在家中不包办、代替，让幼儿自己动手做事情。同时，当幼儿遇到问题时，等一等、听一听他的想法，让幼儿自己去完成。

三、家庭活动

（一）活动内容

手工（拼摆）——水果蔬菜大拼盘。

（二）活动目的

1. 幼儿　能够运用生活中常见的水果、蔬菜进行组合，创作出各种造型的拼盘。

2. 家长　在生活中用水果和蔬菜拼盘，获得美感，体验与孩子一起动手创作的乐趣。

（三）活动准备

1. 感受与欣赏

感受与欣赏用水果、蔬菜组合、拼摆，创作出各种造型。

图 101　水果与蔬菜组合、拼摆出来的花朵

图 102　用蔬菜组合、拼摆，制作出形态各异的动物形象

2. 工具与材料

（1）工具：洗菜盆、菜板、水果刀、盘子、牙签。

（2）材料：各种水果、蔬菜。

（四）活动过程

第一步：

1. 内容　询问幼儿想制作什么样儿的果蔬拼盘。

2. 做法　家长运用自己制作的水果、蔬菜拼盘，引起幼儿制作的兴趣。

家长语言：宝贝，看我今天给你准备了什么？你喜欢吗？你愿不愿意自己也做一个？

家长行为：家长拿出自己做好的一个水果、蔬菜拼盘递给孩子，和孩子坐在一起，谈论这个好不好看、孩子愿不愿意也制作一个。

第二步：

1. 内容　家长和孩子做制作水果、蔬菜拼盘前的准备。

2. 做法　和孩子一起准备水果、蔬菜，把这些食材清洗干净。

家长语言：我们一起来把需要的水果和蔬菜洗干净吧！

家长行为：和孩子一起用洗菜盆接好水，把水果和蔬菜放进水里，开始用双手搓洗水果和蔬菜的表面，把洗净的食材放进干净的盆里。

第三步：

1. 内容　家长和幼儿开始制作水果、蔬菜拼盘。

2. 做法　询问幼儿想制作什么，和幼儿一起选食材，鼓励孩子大胆制作，同时提示幼儿在使用水果刀时要注意安全。

家长语言：你先想一想，要制作什么呢？需要用什么食材来制作它呢？在用水果刀时要小心。如果有需要，妈妈可以帮你。

家长行为：把装满洗净水果和蔬菜的盆儿放在孩子便于取放的位置，然后把菜板放在桌子上，和孩子一起讨论制作什么，并示范如何正确使用水果刀。

第四步：

1. 内容　幼儿完成作品，收拾剩余的食材。

2. 做法　幼儿制作并完成作品，家长对幼儿作品、行为习惯等进行肯定与表扬。

家长语言：你的作品好棒呀！可剩下的蔬菜、水果还要收拾好哦！

家长行为：家长笑着肯定孩子的作品，和孩子一起收拾剩下的食材，把剩下的蔬菜、水果装袋后放入冰箱。

第五步：

1. 内容　问问幼儿想用作品做什么，注意倾听幼儿的想法。

2. 做法　家长询问幼儿的想法，鼓励幼儿与他人分享自己的作品，如全家人一起品尝或带到幼儿园和小朋友们分享等。

家长语言：这么好的拼盘，你想用来做什么？

家长行为：与孩子讨论拼盘的用处，满足孩子的合理愿望。

（五）作品欣赏

幼儿在家长的指导下，洗水果、切水果，并用水果进行各种造型创作，如扇子、太阳笑脸、小狐狸等。

图 103　我在洗水果，要
　　　　把水果洗干净

图 104　切一切自己需要　图 105　用大大的梨制作一只
　　　　的食材　　　　　　　　　　小狗

图 106　一把水果扇子

图 107　太阳笑了

图 108　可爱的小狐狸

（教师：周　瑶　幼儿园：北京市朝阳区新源里第二幼儿园）

4 月

第 1 周：绘画（拓印画）——好玩的小车

第一步：创作的内容由情感而生

扫码看图片5

一、活动背景

（一）幼儿情感

1. 幼儿表现

（1）幼儿喜欢在区域活动时拿着小车，在墙上上下滑动。

（2）幼儿喜欢在桌子上向不同的方向滑动小车。

图 109　在墙上开小车

图 110　在桌子上开小车

2. 对活动设计的启示

（1）幼儿在活动中喜欢拿着小车在桌子上或地面上前后滑动，还喜欢和同伴进行汽车滑行的比赛。

（2）小班幼儿对周围的一切都充满了好奇，他们喜欢用手去触摸。在活动中，他们非常喜欢小车，拿着小车到处走，只要是能开车的地方，他们都会让小车在上面走一走。看到幼儿对小车的喜爱，我大胆地把小车投放到了美工区。

（二）幼儿发展

1. 幼儿在此表现形式中的发展现状

（1）幼儿在纸上滑动小车时，车轮留下的痕迹断断续续。

（2）幼儿喜欢在同一个地方反复拓印。

图 111　小车拓印痕迹断断续续　　　　图 112　在同一个地方反复拓印

2. 对活动设计的启示

（1）在目标的制订上：要突出幼儿进行线条形态创作。

（2）在物质材料的准备上：幼儿操作用的玩具小汽车要选择大小适宜的、幼儿的手能够握住并容易操作的；颜料的稀稠度要适中，不能太稀，也不能太稠；提醒幼儿注意绘画时的常规，如蘸颜料的技巧、擦手布的使用、桌面的干净与整洁等。

（3）在活动过程中：引导幼儿欣赏不同的线条造型，给予幼儿适当的支持与引导，鼓励幼儿通过动手操作创作出自己喜欢的作品。对于个别能力弱的幼儿可以单独指导。

二、活动内容

绘画（拓印画）——好玩的小车。

三、活动目标

1. 喜欢使用汽车轮在纸上印画，感受线条绘画的乐趣。
2. 尝试通过操作车轮滚画，感受线条长短的不同。
3. 愿意分享自己身边的事和物。

四、活动重点、难点

（一）重点
引导幼儿关注小汽车轮胎蘸上颜料印出线条长短的变化。
（二）难点
尝试使用小车蘸上颜料，在纸上滚动，印出长长的线。

五、活动准备

（一）教师

1. 经验准备

（1）学习线条构图。

线条即绘画时描画的线。无数个单点可以组成线条。两点可以构成一条最短的线段，即直线段。线条或精确细密，或自由流畅，这一切都依赖于其长度、宽度、方向、角度等因素。

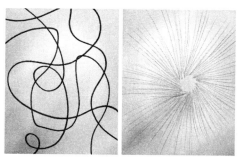  

图113　作品中的线条呈四散方式展现　　图114　作品中的线条运用了重叠和连接的方式，有层次感

（2）感受线条形态的多样性。

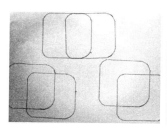  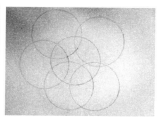

图115　矩形线　　　　　　图116　直线　　　　　　图117　圆形线条

图118　弧线　　　　　图119　封闭式弧线　　　　图120　波浪线

2. 物质准备

素描纸、水粉颜料（红色、黄色、蓝色）、音频（节奏欢快的音乐、汽车在高速公路上行驶的声音、音乐《小司机》）。

（二）幼儿

1. 感受与欣赏

感受与欣赏各种线条。

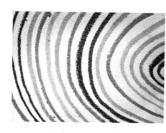

图 121　弧线

图 122　放射线与点

图 123　螺旋线

图 124　平行线

图 125　半圆形弧线和直线

2. 工具与材料

（1）工具：玩具小汽车（长 6 厘米、宽 3 厘米、高 2 厘米）、调色盘（长 10 厘米、宽 5 厘米、高 3 厘米）。

（2）材料：水粉颜料（红色、黄色、蓝色）、素描纸（8 开）。

（3）其他：车轮滚画作品、罩衣、擦手布。

第二步：创作的过程促情感表达

一、美好回忆

（一）主要问题

1. 你们听，这是什么声音？

2. 这个声音会在什么地方出现？

3. 这辆车要去哪里？

（二）实施要点

1. 教师播放汽车行驶的声音，引起幼儿注意和创作的兴趣，出示车轮滚画的作品。

教师播放汽车在高速公路上行驶的声音，请幼儿倾听并猜测这是什么声音。幼儿猜测说："这是开汽车的声音。"

2. 教师在大屏幕中出示车轮滚画的作品图片，并告诉幼儿，这是汽车送过来的。幼儿看到作品后可能会很开心。

教师：你们为什么这么开心啊？

幼儿：因为上面的画很漂亮，我喜欢上面的画。

3. 鼓励幼儿用语言讲述自己对线条和颜色的认知，加深幼儿对线条长短的认识。

幼儿1：我喜欢画中的蓝色。

幼儿2：我喜欢上面长长的线。

教师：为什么？你觉得它哪里好看？

幼儿1：蓝色的像大海一样。

幼儿2：蓝色像天空一样。

幼儿3：长长的线像马路。

幼儿4：长长的线像火车道。

4. 引导幼儿表达作品的制作方法，教师总结车轮滚画的制作方法。

教师：怎么把车轮的印记印到纸上呢？

幼儿：把小车的车轮蘸上颜料，在纸上开车。

教师：小朋友们需要拿起小车，用车轮蘸一蘸颜料，然后在纸上开车。

提示幼儿操作时注意颜料的蘸法，提示幼儿不要在纸上同一个地方重复印。

二、自由创作

（一）主要问题

1. 你想在纸上印一条长长的线还是短短的线？

2. 你想怎么印呢？

（二）实施要点

1. 倾听幼儿的回答，肯定幼儿的想法，根据幼儿的想法给出合适的建议，帮助幼儿更好地完成作品。

教师：你想印出一条什么样儿的线？

幼儿1：长长的。

幼儿2：卷卷的。

幼儿3：像火车轨道一样的线。

教师可以根据幼儿的回答提出建议："火车轨道很长很长，你可以从纸的这边印到那边，再从那边印到这边。"教师可以边说边用手在纸上指出相应的位置。

2. 鼓励幼儿说出自己的想法，引导幼儿用小车蘸颜料在纸上创作，并鼓励幼儿大胆制作，遇到自己解决不了的困难时，能主动请求教师帮忙。

教师：小朋友们想得真棒！你们太聪明了，比老师还聪明！

教师：在制作前，老师有三个小要求。第一，小朋友们拿小车蘸颜料时要轻轻地蘸，不要把颜料弄到桌子上和地上。第二，在自己的纸上进行创作，不要一直在一个地方反复印。第三，有什么问题解决不了的，要及时告诉老师，老师会帮助你的。这三个要求，你们能做到吗？

教师播放节奏欢快的音乐，引导幼儿开始创作。

教师：那咱们就跟着欢快的音乐开始吧！加油哦！

3. 关注全体幼儿，给予个性化指导。

（1）预设情景1。

幼儿表现：在操作中反复地在同一个地方滚动小车，导致素描纸浸湿，破掉。

教师指导：提示幼儿关注素描纸的状况，引导幼儿在白色的地方拓印。

（2）预设情景2。

幼儿表现：幼儿在操作过程中在桌面上玩起了小车，把桌面弄得很脏，影响了其他幼儿操作。

教师指导：走到幼儿身边，引导幼儿在纸上操作，并帮助幼儿收拾好桌面。

（3）预设情景3。

幼儿表现：在操作过程中，拿着小车一直在调色盘中玩。

教师指导：引导幼儿说出自己想要绘制的作品，带着幼儿一起创作。

（4）预设情景4。

幼儿表现：在车轮滚画中，印迹断断续续，不是完整的线。

教师指导：蹲在幼儿身边，告诉幼儿蘸颜料时，小车要在调色盘中前后走一走，这样轮胎的一圈才能蘸满颜料。

第三步：创作的结束使情感延展

一、快乐分享

（一）主要问题

你最喜欢彩虹马路的哪里？为什么？你们想不想在彩虹马路上开车？

（二）实施要点

1. 教师整理幼儿作品，一张接一张地将作品连在一起，变出一条长长的线，告诉幼儿这就是彩虹马路。

教师：小朋友们的作品太漂亮了！咱们把作品都连到一起，大家一起欣赏一下，看看咱们的作品连在一起像什么。

幼儿1：像彩虹。

幼儿2：像小花。

教师：这些线条长长的，还是彩色的，我们叫它"彩虹马路"，好不好？

全体幼儿：好。

2. 请幼儿说一说喜欢彩虹马路的理由。教师认真倾听幼儿的想法，肯定幼儿的回答。

教师：谁喜欢咱们的彩虹马路啊？说一说，你为什么喜欢？

幼儿1：我喜欢，因为彩虹马路的颜色是彩色的。

幼儿2：我也喜欢，因为彩虹马路很长很长，就像火车轨道一样。

幼儿3：我也喜欢，因为彩虹马路看起来甜甜的。

教师通过幼儿的回答帮助幼儿总结、提升彩虹马路的特点。

3. 请幼儿拿小车在彩虹马路上按顺序开过。

教师：小朋友们都喜欢彩虹马路，那你们想不想在彩虹马路上开车啊？

幼儿：想。

教师：好，那请小朋友们拿好自己的小车，排好队，咱们去彩虹马路上开车喽！

播放音乐《小司机》，幼儿拿着小汽车按顺序在彩虹马路上开小车。幼儿兴致很高的话，可以再玩一遍开小车的游戏。游戏后，可对幼儿的作品给予肯定与赞美，增强幼儿的自信心，教师可以说："你们在自己制作的彩虹马路上开车，开心吗？你们真棒！"

二、幼儿园活动

（一）面向全体

1. 作品的用处

（1）把幼儿的作品投放到班级的美工区进行展示。

（2）幼儿添画作品送给好朋友。

图 126　美工区展示作品

图 127　将作品送给好朋友

2. 多元表现与创造

（1）幼儿用皱纹纸在纸上粘线条。

（2）幼儿用画笔在纸上画螺旋线。

图 128　粘线条

图 129　画螺旋线

（二）关注个体

1. 创作中的典型表现

在本次活动中，孩子们对小车非常感兴趣，参与活动的积极性也很高。在制作过程中，甜甜拿着小车，在桌子上开来开去。我走过去，轻声地问："甜甜，你想制作什么？"甜甜告诉我："我不想制作，我只想玩。"我说："你拿小车蘸一下颜料，在纸上开一开，会有惊喜哦！"她看看我，拿着小车蘸了颜料，在纸上前后开了起来。

2. 幼儿日常表现

在日常生活中，甜甜对新的事物不感兴趣。别的小朋友拿着新玩具想要跟她分享时，她总是默默地走开。对于班级开展的活动，她也总是一个人默默地坐在那里，不爱接近其他人。

3. 整体教育策略

（1）鼓励幼儿在生活中交好朋友，与好朋友一起做游戏，并告诉幼儿有好朋友是快乐的。

（2）多组织一些集体游戏，让幼儿之间多一些交流与沟通，增进同伴之间的感情，帮助幼儿交到好朋友。

（3）与家长沟通，可多带孩子去小区里和同龄孩子一起玩耍，扩大孩子的朋友圈，增强孩子的自信心，帮助孩子融入集体。

三、家庭活动

（一）活动内容
手工（材料创作）——好玩的吸管。

（二）活动目的
1. 幼儿　通过摆弄橡皮泥和吸管，尝试组合造型，感受与家人一起创作的快乐。

2. 家长　感受美术创作材料的丰富性。

（三）活动准备
1. 感受与欣赏

感受与欣赏用橡皮泥和吸管拼插、组合的各种造型。

图 130　立体造型

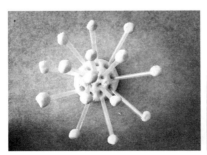 

图 131　吸管制作的造型

2. 工具与材料

（1）工具：酸奶吸管、果汁吸管、儿童剪刀。

（2）材料：彩色橡皮泥。

（四）活动过程

第一步：

1. 内容 摆弄吸管，引起幼儿对吸管的兴趣。

2. 做法

家长语言：宝宝，你会玩吸管吗？咱们一起来玩一玩吧！

家长行为：用橡皮泥把两根吸管连成一根更长的吸管。问一问幼儿这根长吸管像什么，幼儿愿不愿意自己动手做一做。

第二步：

1. 内容 引导幼儿大胆地用橡皮泥组合吸管。

2. 做法

家长语言：你想怎么玩这根吸管和这些橡皮泥呢？（倾听幼儿的想法，观察幼儿的行为）

家长行为：家长和幼儿一起拿橡皮泥和吸管进行创作。

第三步：

1. 内容 家长询问幼儿想要制作什么作品，引导幼儿一步一步地制作。

2. 做法

家长语言：你想要做一个什么啊？要怎么做？你在连接吸管时，一定要多用一些橡皮泥，这样连接才会更结实。

家长行为：拿一块橡皮泥连接两根吸管，再拿一块橡皮泥和吸管做成三角底架。家长强调连接两根吸管时的方法。

第四步：

1. 内容 幼儿完成作品，收拾并整理剩余的材料。

2. 做法

家长语言：你做得真棒，真有想法！把剩下的吸管放进罐子里吧！橡皮泥也放回罐子里。

家长行为：给孩子一个大大的赞，和孩子一起收拾、整理桌面和地面。

第五步：

1. 内容 倾听幼儿想法，给作品起名字，并想一想作品可以用来做什么。

2. 做法

家长语言：你想给作品起个什么名字？你想把作品放到哪里呢？

家长行为：开心地和孩子一起谈论作品的名字，并满足孩子的心愿把作品放在合适的位置。

（五）作品欣赏

欣赏用橡皮泥和吸管拼插、制作出的各种造型，如金字塔、房子等。

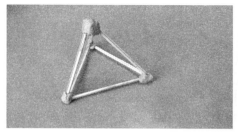

图 132　金字塔

图 133　房子

（教师：吕明欢　幼儿园：北京市朝阳区朝花幼儿园东大桥园）

第2周：手工（粘贴）——抓毛毛

第一步：创作的内容由情感而生

一、活动背景

（一）幼儿情感

1. 幼儿表现

扫码看图片6　扫码看视频2

（1）孩子喜欢软软的毛绒玩具，走到哪儿，都会抱着。软软的，贴在脸上很舒服。

（2）柳絮飘落在小花、小草上，孩子们边观察边自言自语："像蒲公英，也像白白的棉花。"

图134　抱着软软的毛绒玩具小熊　　图135　柳絮飘落在小花和小草上

2. 对活动设计的启示

（1）根据幼儿特别喜欢毛绒玩具和柳絮的兴趣点，设计美术集体教学活动。活动题材可以围绕柔软、易变形的物品展开。

（2）因为棉花与柳絮外形相似，具有可塑性强和柔软的特性，且易于幼儿操作，所以教师决定选择棉花这一材料进行创作。

（二）幼儿发展

1. 幼儿在此表现形式中的发展现状

（1）区域游戏中，幼儿会使用白乳胶进行粘贴画创作。

（2）幼儿用棉花拼摆的造型比较单一，喜欢逐层叠加或平铺。

图 136　用白乳胶粘贴棉花

图137　棉花拼摆的造型较单一

2. 对活动设计的启示

（1）在目标的制订上：要突出幼儿对棉花造型的多样性和游戏过程的快乐体验。

（2）在物质材料的准备上：提供松软的棉花便于幼儿创作。黑色卡纸作为作品背景，能突出幼儿的作品。

（3）在活动过程中：引导幼儿多欣赏不同造型的云朵图片，给予幼儿适当的支持与引导，鼓励幼儿利用揉、搓、团等多种方法摆弄棉花进行拼摆。

二、活动内容

手工（粘贴）——抓毛毛。

三、活动目标

1. 喜欢摆弄棉花进行创作，体验操作的乐趣。
2. 尝试用棉花制作各种形状，并初步形成具有象征意义的图案与符号。
3. 感受不同云朵的造型美，激发幼儿喜欢云朵的情感。

四、活动重点、难点

（一）重点

引导幼儿感受棉花在摆弄过程中产生的不同图案、符号所带来的快乐。

（二）难点

尝试用不同的方法进行云朵创作并发现其变化。

五、活动准备

(一) 教师

1. 经验准备

（1）关于棉花。

棉花是世界上最主要的经济作物之一。它产量高，生产成本低。棉花能制成各种规格的织物。棉织物牢固耐磨，能洗涤并在高温下熨烫。棉布吸湿和脱湿快速，穿着舒适。

（2）棉花分为细绒白棉、长绒棉、彩色棉和机采棉。

一般市面上有医用棉花和做被子的棉花。为了使创作效果更好，在活动前，我们选用做被子用的一整片棉花，经过太阳暴晒后再使用，以保证棉花的紫外线消毒和松软的手感。

图 138　做被子的棉花　　　　图 139　拉扯棉花，会有很长的丝

2. 物质准备

天上各种云朵的照片、多媒体播放器、轻音乐《天空之城》。

(二) 幼儿

1. 感受与欣赏

感受与欣赏天空中各种造型的云朵。

图 140　各种造型的云朵

2. 工具与材料

（1）工具：白乳胶。

（2）材料：白色棉花、A4 黑卡纸。

（3）其他：塑料小筐（装棉花用）。

第二步：创作的过程促情感表达

一、美好回忆

（一）主要问题

1. 你看到了什么？

2. 天上的云朵像什么？

（二）实施要点

1. 播放天空中云朵的照片，帮助幼儿发现云朵造型的不同。

教师播放天空中云朵的照片。

教师：快来看看，画面中是什么？你看到的云朵像什么？

2. 鼓励幼儿大胆表达自己的想法，可以用简单的语言或动作进行表达。

在幼儿回答的过程中，教师可以适当追问，鼓励幼儿大胆表达自己的想法。如"除了小熊，你觉得云朵还像什么？""谁来学一学？"待幼儿表达完后，对幼儿的想法予以肯定："你说得非常有意思，观察得也很仔细。"

二、自由创作

（一）主要问题

1. 你的云朵宝宝变成什么样子了？

2. 你是怎么做到的？用什么方法形成的这个图案？

（二）实施要点

1. 和幼儿共同游戏，增加游戏的欢乐气氛。

教师以游戏的口吻引出棉花，激发幼儿的兴趣和创作的欲望。

教师：请小朋友们闭上眼睛，我要把天上的云朵摘下来给你。快睁眼看看，你的云朵宝宝下来了吗？小云朵希望你能帮它变变样子，好不好？

2. 幼儿自由摆弄棉花，教师根据幼儿创作给予支持。

教师引导幼儿利用抓、团、揉、搓等多种方法摆弄棉花。

教师：你的云朵宝宝变成什么样子了？你是怎么做到的？你用什么方法形成的这个图案？

3. 关注全体幼儿，给予个性化指导。

（1）预设情景 1。

幼儿表现：幼儿犹豫不决，迟迟不动手制作。

教师指导：和幼儿聊一聊他想让自己的这片云朵变成什么样子，通过一对一聊天，缓解幼儿紧张情绪，帮助幼儿梳理创作思路，陪着幼儿一起制作。如"刚才那些云朵宝宝的照片，你喜欢哪张呀？""你希望自己的云朵宝宝是什么样子的？""老师陪你一起做，好不好？咱们先做什么？"

（2）预设情景 2。

幼儿表现：棉花拼摆的造型比较单一，逐层叠加或平铺现象比较多。

教师指导：提供丰富的云朵图片给幼儿，或引导幼儿欣赏其他小朋友的作品，教师和幼儿一起感知，再创造。如"你的小云朵变成什么样子了？""还可以加点儿什么？""咱们可以用什么方法变出你想要的图案呢？"

（3）预设情景 3。

幼儿表现：幼儿对自己摆弄后形成的图案作品感到惊奇。

教师指导：及时予以肯定并鼓励幼儿用语言表达自己的发现，如"哇！真漂亮，你是怎么做到的？"

第三步：创作的结束使情感延展

一、快乐分享

（一）主要问题

1. 你喜欢自己的作品吗？为什么？

2. 你的云朵宝宝变成什么样儿了？

（二）实施要点

1. 鼓励幼儿大胆发挥想象，表达自己的感受并向同伴介绍作品。

教师用言语引导幼儿表达自己对作品的感受，如"你喜欢自己的作品吗？你最喜欢哪里？为什么？""你把云朵宝宝变成什么样子了？"

玩美术　慧生活
幼儿美术"情感三部曲"教学模式的探索与实践　小班（下）

2. 鼓励幼儿就问题表达自己的想法，并给予肯定。

教师可以说："你觉得怎么样？""谁想来说一说？""太棒了！你把你的云朵宝宝变成了一辆坦克。""你把你的云朵宝宝变成了一个穿长裙的公主。""嗯，说得真好，我也看出来了。"

3. 引导幼儿猜一猜别人的作品，并说出理由。

教师请幼儿把作品平铺在桌面上，引导全体幼儿围着桌子转圈欣赏作品。教师可以说："请你们边走边看一看，其他小朋友把云朵宝宝变成什么了？你从哪儿看出来的？"

二、幼儿园活动

（一）面向全体

1. 作品的用处

在墙面和桌面进行棉花画作品展示。

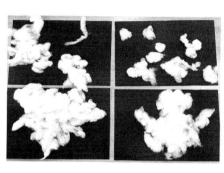

图 141　墙面作品展示和桌面个性化作品展示

2. 多元表现与创造

（1）幼儿与同伴、教师分享棉花画作品《小鸟欢欢》。

图 142　分享云朵宝宝的故事《小鸟欢欢》

（2）幼儿在美工区进行棉花画创作，制作出各种造型的云朵宝宝。

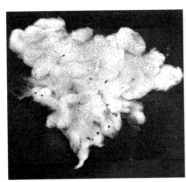

图 143　美工区：我给云朵宝宝穿新衣

（二）关注个体

1. 创作中的典型表现

安妮在刚开始创作时就说："我要把我的云朵宝宝变成一个漂亮的公主，穿着长长的裙子。"说完，她就从一团棉花中揪了一大片，放在纸上摆了一下，最后把它放在了纸的下方，当作公主的裙子；接下来，她又揪了一小片棉花，用手把它压平，她将这片像长方形的棉花，放在之前那一大片棉花的上面，当作公主的躯干；然后，又揪了一块棉花，像团超轻黏土一样把棉花团成球，放在了最上面，当作公主的头；最后，她揪了两块棉花，想搓成细长条，放在长方形棉花的两边，当作公主的胳膊。可是，她操作起来有点儿困难，于是，向教师寻求帮助。

图 144　安妮把棉花团成球

2. 幼儿日常表现

安妮性格内向，平时不爱说话，特别喜欢在美工区绘画或做手工，每次都非常专注。手工类制作中，她最喜欢玩超轻黏土，会做出各种颜色的饼、圆球棒棒糖等作品。从作品中能够看出，她的团圆能力已经很熟练了，也能逐渐用自己喜欢的方式表现出自己感兴趣的内容，但搓长条方面还需要多加练习。

3. 整体教育策略

（1）理解和尊重幼儿的创作，给予幼儿充分的时间和空间。

安妮创作时会很专注，当她需要鼓励时，教师可以给予眼神或表情的鼓励；当区域活动结束时，安妮作品没有做完，可以和她沟通，请她保存好自己未完成的作品，明天再继续制作；当安妮遇到困难的时候，如不会搓长条，教师可以利用儿歌或游戏的方式帮助她学习一些小方法，如"放在手心搓一搓，上下使劲儿细又长""从头开始卷一卷，一只蜗牛出现啦"等。

（2）多给幼儿创造表达自己感受和想法的机会，满足幼儿的表达欲望。如在区域活动评价环节，可以请安妮向其他幼儿介绍自己的作品。

（3）与家长配合，发现幼儿的闪光点，创造更多的机会让幼儿向家人或客人表达。如在家中创设作品展示墙，有客人来的时候，请安妮主动向客人介绍自己的美术作品，也可以扮作小老师，教家人或客人如何制作。

三、家庭活动

（一）活动内容

手工（材料创作）——小蚂蚁挖洞洞。

（二）活动目的

1. 幼儿 在随意创作中，能结合情景利用自己的小手尝试用抓、揪的方法制作海绵块的造型。

2. 家长 认识到生活中一些不起眼的、简单的东西都可以进行艺术再加工，让它们变身成孩子眼中的"宝"。

（三）活动准备

1. 感受与欣赏

感受与欣赏各种树雕摆件、公园假山、海绵块造型等。

图 145　树雕摆件　　　图 146　公园假山

图 147　海绵块造型

2. 工具与材料

海绵块（家庭常用的即可）。

（四）活动过程

第一步：

1. 内容　创设情景。

2. 做法　出示海绵块，让孩子自由探索，引导孩子说出海绵块的外形特征，如"长长的、直直的、弯弯的……"。

家长语言：你见过蚂蚁挖洞洞吗？你知道蚂蚁洞什么样儿吗？宝贝，你知道这是什么吗？这个可以怎么玩？

家长行为：家长与孩子相互依偎在沙发上，拿出海绵块，引导孩子自由探索。

第二步：

1. 内容　为创作做铺垫。

2. 做法　孩子初步感知海绵块，尝试抠抠海绵块。

家长语言：你可以在海绵块上抠抠试试，看看像什么。咱们一起做一个吧！像小蚂蚁挖洞洞一样，咱们可以抠抠这儿，抠抠那儿。

家长行为：与幼儿一起尝试抠海绵块。

第三步：

1. 内容　组合创作。

2. 做法　用多个海绵块创作，并组合、拼摆造型。

家长语言：这里还有一些大小不一样的海绵块，蚂蚁到处爬呀爬，咱们再抠个不一样的吧！

家长行为：面带微笑，用欣赏的眼光看待孩子的作品。

第四步：

1. 内容　展示作品，收拾工具和材料。

2. 做法　与幼儿讨论如何展示作品并收拾工具和材料。

家长语言：宝贝，你想把你的作品展示在咱们家的什么地方？咱们一起收拾一下吧！你想收拾桌面，还是扫地？

家长行为：出示公园假山的照片，供幼儿欣赏并尝试将作品组合、拼摆。与幼儿一起收拾工具和材料。

（五）作品欣赏

幼儿自由探索各种海绵块，用手撕出或抠出不同的造型，再通过染色、拼摆、组合出立体造型的作品。

图 148　家用海绵百洁布

图 149　捏起来软软的

图 150　可以用手撕出各种样子

图 151　拼一拼、摆一摆

图 152　我的作品完成啦

（教师：陈　芒　幼儿园：北京市朝阳区劲松第一幼儿园）

第 3 周：绘画（拓印画）——漂亮的花

第一步：创作的内容由情感而生

扫码看图片 7

一、活动背景

（一）幼儿情感

1. 幼儿表现

（1）孩子和爸爸、妈妈外出时，看到漂亮的花，想要拍照留念。

（2）孩子拍下漂亮的花朵照片后，在幼儿园户外游戏时，孩子又忍不住和好朋友一起看花，好奇花瓣摸起来是什么感觉的，这朵花怎么和其他的花长得不一样。

图 153　用手机给花朵拍照留念

图 154　探究花朵的不同

2. 对活动设计的启示

（1）幼儿对花朵的样子和颜色非常感兴趣。因此，在集体活动中可以开展相关题材的活动。

（2）鉴于幼儿在表现花朵形象、颜色方面的现有水平，教师计划采用团纸印的形式进行花朵创作。团纸印是拓印的一种形式。幼儿对色彩有一定的敏感性和先天的直觉反应，他们喜欢鲜艳的色彩，也使教师想到用拓印的方式，借助水粉丰富的颜色来表现花朵。团纸拓印先要取一张手揉纸，把它揉成各种自己喜欢的样子。用团好的纸团蘸上一些颜料，在纸上印一印，就能获得美的感受。

（二）幼儿发展

1. 幼儿在此表现形式中的发展现状

（1）幼儿只能团揉大球状的纸团，对于小一点儿的纸团，双手无法用力团紧，也无法团揉出长条状的纸团。

（2）幼儿可以使用喜欢的各种工具进行拓印，但是拓印出的图案都是独立的，不会进行图案组合。

图 155　团揉纸团　　　　　图 156　拓印独立的图案

2. 对活动设计的启示

（1）目标的制订要注重幼儿的情感体验，丰富幼儿对色彩的感受。

（2）调制颜料时，以用笔蘸好颜料后拿起笔、颜料是一滴一滴往下滴的状态为宜。每个一次性纸盘中只调一种颜色。提供大小不一的手揉纸。

（3）幼儿在玩的过程中，要让其了解先团纸再拓印，以及用完的纸团投入垃圾筐中，培养良好的活动常规。

二、活动内容

绘画（拓印画）——漂亮的花。

三、活动目标

1. 喜欢用纸团塑形后拓印，感受纸的多变性带来的乐趣。

2. 能够使用自己团制的纸球蘸上各种颜色的颜料进行拓印，感受色彩的丰富性。

3. 能够关注身边的色彩美，喜爱各种漂亮的花。

四、活动重点、难点

（一）重点

引导幼儿尝试使用多种颜色进行拓印。

（二）难点

尝试有序操作，不混色。

五、活动准备

（一）教师

1. 经验准备

（1）团纸印的创作方法就是将纸团揉成各种形状，蘸上颜料后，在纸上进行拓印。拓印后的各种形状可以组合成新的形象。

（2）了解生活中各种各样的色彩装饰画，感受画面中色彩搭配的美，以及色块与色块间任意冲撞的美感，体会色彩斑斓的感觉。

图 157　多色块相互融合　　　　　图 158　彩色的花坛

（3）观察、感受不同花朵的颜色与形状。

图 159　洋紫荆花　　　　　　　图 160　千日红花

2. 物质准备

（1）工具：调色盘，绘图纸（白色、A4）。

（2）材料：水粉颜料（红色、黄色、蓝色、绿色，每桌一份），手揉纸

（B5、B6）。

（3）其他：罩衣、手工布、桌布、花朵的盆栽、多媒体播放器、音乐、画家的作品。

（二）幼儿

1. 感受与欣赏

感受与欣赏各种鲜花。

图 161　闻闻野花的香味儿

图 162　月季花

2. 工具与材料

（1）工具：调色盘（每桌 4 个，红色、黄色、蓝色、绿色每种颜色一个）。

（2）材料：A4 白色绘图纸每人一张，水粉颜料（红色、黄色、蓝色、绿色），手揉纸。

（3）其他：罩衣、手工布、桌布。

第二步：创作的过程促情感表达

一、美好回忆

出示班级中的各种花卉。

（一）主要问题

1. 你最喜欢哪盆花？你为什么喜欢这盆花？

2. 这些纸也想变魔术，蘸上颜料，在纸上变出花儿。你们看看，怎么做才能变这个魔术呢？

（二）实施要点

1. 引导幼儿观察花朵的外形特征。

出示班里植物角中的花朵，教师以个人情绪感染幼儿，鼓励幼儿大胆描述花朵的样子，如花瓣尖尖的、圆圆的，花芯是圆圆的，叶子有大大的、小小的、圆圆的等，发现花瓣紧紧围着花芯长。

2. 鼓励幼儿探索、发现纸的多种玩法。

通过启发性提问"这些纸可以怎么玩"调动幼儿已有经验，借助幼儿自主表达，自然渗透玩纸的方法，如团纸球（大、小不同的纸球），竖着揉搓成长条，或者围起来等。教师随着幼儿的表达可以进行演示，给幼儿一种直观的感受。

3. 引导幼儿发现团纸的多种方法。

教师通过提问，调动幼儿的积极性，出示颜料进行团纸拓印，感知各种方式团揉的纸印在纸上可以组合出不同的花朵形象。

4. 鼓励幼儿大胆创作。

教师通过表情、动作鼓励幼儿大胆创作，感受参与美术活动的乐趣。

二、自由创作

（一）主要问题

1. 你用这些纸可以变出什么魔术？

2. 你是怎么把这些花朵变到纸上的？用的什么颜色？

（二）实施要点

1. 教师以游戏化的口吻激发幼儿参与创作，以自身情绪带动幼儿、鼓励幼儿积极创作。

2. 教师用播放音乐的方式为幼儿创设轻松的创作氛围。

3. 启发幼儿大胆想象。

将幼儿带入小魔术师的情景中，激发幼儿大胆创作。

4. 关注全体幼儿，给予个性化指导。

（1）预设情景 1。

幼儿表现：能用团、揉、印的方式印出自己喜欢的花芯。

教师指导：鼓励幼儿分享自己团的方法，尝试如何将纸球团得大一点儿或小一点儿，感受大小不同的变化。

（2）预设情景 2。

幼儿表现：不知道如何团纸。

教师指导：及时给予帮助，教给幼儿团纸的方法，如团、搓、揉、压等，鼓励幼儿大胆创作，表扬他做得好的方面。

（3）预设情景3。

幼儿表现：印出一两个花瓣之后，就休息了，不再印了。

教师指导：轻声交流"咦？你这朵小花好孤单，你可以再帮帮它吗？它好想拥有更多的同伴，再多印几朵小花吧！这样，它才更开心"。

第三步：创作的结束使情感延展

一、快乐分享

（一）主要问题

1. 你变的花朵是什么颜色的？你是怎么变出来的？你觉得它漂亮吗？为什么？

2. 教师出示并介绍画家作品。

教师：你们看，这幅画是画家×××的作品，看他的作品是什么样儿的？今天，我们小朋友也尝试用变魔术的方式创作了这些花。以后，我们可以用更多的方式变出更多的花。

（二）实施要点

1. 鼓励幼儿自主表达。

鼓励幼儿大胆表达自己的想法，教师积极给予回应和肯定。

2. 出示画家的作品，引导幼儿感受与欣赏。

教师出示画家的作品，引导幼儿感受作品的色彩美，同时用语言鼓励幼儿在今后的活动中继续大胆创作。

二、幼儿园活动

（一）面向全体

1. 作品的用处

将幼儿作品做成图册，放在美工区中供幼儿欣赏。

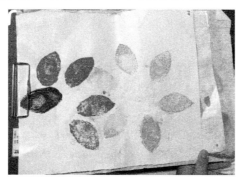

图163　将幼儿作品制成图册

2. 多元表现与创造

（1）在美工区中，孩子们用超轻黏土创作自己喜欢的花朵。

（2）孩子们用水粉笔在墙面的白纸上合作创作美丽的花园。

图 164　用超轻黏土创作花朵　　　　　图 165　用水粉笔在墙面的白纸上合作创作花园

（二）关注个体

1. 创作中的典型表现

熹熹用纸团出很多小圆球，把它们放在纸上摆好，又认真观察花朵的形状，然后用颜料尝试一个一个地拓印。在教师的鼓励下，他专注地把所有的纸球逐一蘸上颜料，印在了纸上，纸上出现了一朵花。他非常兴奋地看着这朵花，意犹未尽。沁颜在团纸拓印中尝试将花瓣重叠，并在教师的引导下使用多种颜色进行拓印，呈现出很多花瓣叠加盛开。

图 166　熹熹在创作中认真地　　图 167　沁颜在教师的鼓励下，尝
　　　　　观察自己团纸拼摆的　　　　　　　试用多种颜色进行拓印
　　　　　花朵形状

2. 幼儿日常表现

沁颜对生活中的事物有着较强的好奇心，喜欢摸摸、看看，对于各种材料的创作都想尝试。

3. 整体教育策略

（1）注重在一日生活中引导幼儿关注周围的美和变化，结合小班幼儿爱探索的特点，给幼儿更多的探索空间，保证幼儿有更多的体验。

（2）教师为幼儿创设宽松的氛围，关注每一个幼儿在创作过程中的表现，经常让幼儿分享自己的作品，同时也感受他人的作品。

（3）教师提供丰富的游戏材料，带领幼儿体验不同的游戏，同时引导幼儿跟爸爸、妈妈分享自己的作品，与家长外出游玩时，运用身边各种自然物一起拼摆制作喜欢的作品，丰富对美的感受。

三、家庭活动

（一）活动内容

手工（材料创作）——蔬菜插花。

（二）活动目的

1. 幼儿　体验不同材料的创造美，萌发爱美、审美、表现美的情感。

2. 家长　与孩子共同制作蔬菜插花，体验不同的创造乐趣和美的表现。

（三）活动准备

1. 感受与欣赏

感受与欣赏生活中各种常见的花。

图 168　薰衣草　　　　图 169　葱花　　　　图 170　玉兰花

2. 工具与材料

（1）工具：剪刀。

（2）材料：各种蔬菜、牙签。

（3）其他：桌布、垃圾桶。

（四）活动过程

第一步：

1. 内容 家长与孩子共同回忆和花朵合影的照片。

2. 做法

家长语言：这是我们在哪里拍的？什么时候拍的呀？照片上的花朵是什么样子的？

家长行为：可以和孩子一起看着照片共同回忆。

第二步：

1. 内容 与孩子一同上网查找、了解蔬菜插花的制作方法。

2. 做法

家长语言：这些插花真好看！你看，它们都是用什么做的？它们是什么样子的？

家长行为：让孩子坐在家长的腿上，耐心地给孩子讲有关插花的方法。

第三步：

1. 内容 寻找材料。

2. 做法

家长语言：我们去购买一些材料吧！看看哪些材料合适，你想选择什么材料？

家长行为：把材料分类装好。

第四步：

1. 内容 共同制作。

2. 做法

家长语言：你想要插出什么样儿的花呢？蔬菜切成片，还是切成条儿？

家长行为：用切成片和条的蔬菜进行拼摆，边说边做。

第五步：

1. 内容 为自己的插花取一个名字。

2. 做法

家长语言：看咱们做的花，真好看！咱们给它取个名字吧！

家长行为：边说边欣赏、分享、拍照留念，引导幼儿将插好的蔬菜花摆放在自己喜欢的地方。

（五）作品欣赏

幼儿和家长亲子创作各种蔬菜立体造型。

（1）曦曦和妈妈一起做的插花，用了西蓝花的根部做花盆，用芹菜叶子做花瓣。

（2）金儿和妈妈一起做的插花，用直直的豆角做了花茎，又用菜花做了花朵，把茄子切成一半，当作底托。

图171　用西蓝花和芹菜创作的盆花　　　　图172　用豆角、菜花、茄子创作的插花

（教师：刘　平　幼儿园：北京市朝阳区劲松第一幼儿园）

第 4 周：绘画（水墨画）——我爱吃的水果

第一步：创作的内容由情感而生

一、活动背景

（一）幼儿情感

1. 幼儿表现

（1）孩子们经常玩买卖水果的游戏。

扫码看图片 8

（2）每天的午点时间，幼儿特别期待今天会吃什么水果。

图 173　玩买卖水果的游戏

图 174　午点吃水果

2. 对活动设计的启示

（1）幼儿对水果的味道和外形非常感兴趣，在集体活动的题材上选择观察、发现水果的不同，借此开展活动，让幼儿在游戏情景中感受美术活动带来的乐趣和美。

（2）教师根据幼儿在表现水果形态的现有水平，引导幼儿发现水果的多样性，设计用水墨画形式表现。水墨画有着丰富的墨色变化，在表现水果颜色、外形特征的同时，需要把水果用柔和的颜色展现出来，用水墨的形式来展现比较好。毛笔操作方便，小班幼儿喜欢用毛笔在纸上涂涂画画，因此，本次活动选定用水墨画的形式来表现。

（二）幼儿发展

1. 幼儿在此表现形式中的发展现状

（1）幼儿能够手持毛笔，知道毛笔蘸水后需要将笔尖的水刮干净。

（2）幼儿可以手持毛笔，将笔竖起、握住，在宣纸上作画。

图 175　刮净毛笔尖儿上多余的水　图 176　手持毛笔，在宣纸上作画

2. 对活动设计的启示

（1）目标制订要注重幼儿的情绪体验和感受墨色的变化。

（2）提供材料时，教师将墨色调水稀释，变成淡墨。每一个调色盘盛放一种颜色的彩墨，彩墨不加水，直接倒入调色盘中。

（3）引导幼儿在创作时正确握笔，笔不要在纸上来回涂画，按顺序画好图案或线条即可。

二、活动内容

绘画（水墨画）——我爱吃的水果。

三、活动目标

1. 感受水与墨的变化，体验操作材料的乐趣。
2. 使用水墨方式绘画自己喜爱的水果，感受墨色的丰富变化。
3. 通过绘画了解水果的不同，尝试吃各种水果。

四、活动重点、难点

（一）重点
引导幼儿关注水墨表现水果的趣味。

（二）难点
能够用象征造型的方法完成作品。

五、活动准备

（一）教师

1. 经验准备

（1）水墨画，也就是狭义的"国画"，但进阶的水墨画，也有工笔花鸟画，色彩缤纷。后者有时也称为"彩墨画"。在中国画中，以中国画特有的材料之一——墨为主要原料，加入不同量的清水变为浓墨、淡墨、干墨、湿墨、焦墨等，画出不同的浓淡（黑、白、灰）层次，别有一番韵味，称为"墨韵"，从而形成以水墨为主的一种绘画形式。

（2）欣赏水墨作品，了解其创作的背景和方法等，感受画面中墨色在纸上水墨交融的变化及意境美。

 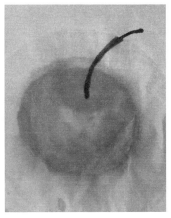

图 177　水墨作品：竹子　　　　图 178　水墨作品：樱桃

（3）了解水果不同的造型特点，感受其色彩的美。

图 179　常见的水果　　　　　　图 180　各种水果

玩美术　慧生活
幼儿美术"情感三部曲"教学模式的探索与实践　小班（下）

2. 物质准备

（1）工具：墨盘、调色盘、涮笔筒、毛笔、夹宣纸每人一张。

（2）材料：黑色淡墨、中国画颜料每桌一份。

（3）其他：罩衣、水墨毡子、水、幼儿常吃的水果图片、多媒体播放器、音乐、画家的作品。

（二）幼儿

1. 感受与欣赏

感受与欣赏各种水果。

图 181　好吃的橘子　　　　　图 182　好大一串儿葡萄

2. 工具与材料

（1）工具：毛笔、黑色淡墨的墨盘、中国画颜料的调色盘、涮笔筒。

（2）材料：夹宣纸每人一张，黑色淡墨、中国画颜料每桌一份。

（3）其他：毡子垫、水、罩衣、音乐。

第二步：创作的过程促情感表达

一、美好回忆

出示幼儿常吃的水果图片。

（一）主要问题

1. 这里有这么多的水果，你最喜欢吃哪种？你最喜欢吃的水果是什么样子的？

2. 这些颜色宝宝和小毛笔也想拥有很多水果。你们看看，它们都是谁？你们想让它怎么变出水果呢？

（二）实施要点

1. 引导幼儿观察各种水果的图片，发现水果的外形特征。

出示幼儿常吃的水果图片，教师以个人情绪感染幼儿，鼓励幼儿大胆表达水果的样子，如颜色、形状、是否有果把儿等，回忆每天午点时吃水果的快乐。

2. 鼓励幼儿大胆表达，感受水墨画创作的方法。

通过启发性提问"怎么用小毛笔蘸上颜料，画出美味的水果"，调动幼儿已有经验，借助幼儿自主表达，自然渗透水墨画创作的方法。如当幼儿说出将毛笔上的水刮净再蘸颜料时，教师可以随着幼儿的表达进行演示，给幼儿一种直观的感受。

3. 通过情境导入，调动幼儿创作的积极性。

教师通过提问和情景的带入，借用一只小牛带来的大果盘，调动幼儿的积极性。教师通过表情、动作鼓励幼儿大胆发言，感受参与美术活动的乐趣。

二、自由创作

（一）主要问题

1. 你想用哪种颜色创作水果？

2. 这是什么水果？它长什么样子？

（二）实施要点

1. 鼓励幼儿大胆创作。

教师以游戏化的口吻和情绪激发幼儿参与创作。

2. 为幼儿创设温馨、轻松的创作氛围。

通过播放背景音乐，引导幼儿进行创作。

3. 运用情境，引导幼儿积极创作。

将幼儿带入创作水果的情境中，从而激发幼儿大胆进行创作。

4. 关注全体幼儿，给予个性化指导。

（1）预设情景 1：

幼儿表现：幼儿自由创作出自己喜欢的水果。

教师指导：在幼儿创作过程中，询问其是如何创作的，发现每个幼儿不同的创作方法。

（2）预设情景 2：

幼儿表现：幼儿不知道该如何创作。

教师指导：当幼儿创作时犹豫不决，可以鼓励幼儿大胆地进行创作，表扬他做得很好，并及时提供真实的水果供幼儿绘画参考，使幼儿敢于动手继续创作。

（3）预设情景3：

幼儿表现：幼儿不能完整表达自己喜欢的水果。

教师指导：先提供黑色淡墨，请幼儿画一画自己喜欢的水果外形轮廓，再出示彩墨，请幼儿为水果涂上颜色。观察水果形象，可以为水果添画出其他部分，如果把儿、叶子等。

第三步：创作的结束使情感延展

一、快乐分享

（一）主要提问

1. 你都创作了哪些水果？它们都是什么颜色的？长什么样子？

2. 教师出示并介绍画家的作品。

教师：你们看，这是画家的作品，看他的作品是什么样儿的？我们小朋友今天也尝试创作了水果。今后，我们也可以用水墨创作出更多喜欢吃的水果。

（二）实施要点

1. 鼓励幼儿自主表达。

教师鼓励幼儿大胆表达自己的想法，并积极给予回应和肯定。

2. 出示画家的作品，引导幼儿感受与欣赏。

教师出示画家的作品，引导幼儿感受水墨画作品的美，同时用语言鼓励幼儿在今后的活动中进行创作。

二、幼儿园的活动

（一）面向全体

1. 作品的用处

将幼儿作品放在美工区进行展示、分享。

图183　幼儿作品展示

2. 多元的表达与创造

（1）幼儿感受湿墨，在美工区创作墨色晕染的雨点。

（2）幼儿使用彩墨，尝试在纸上创作。

（3）幼儿感受干墨，了解墨色浓、淡在纸上的区别。

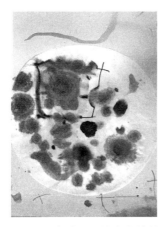 

图 184　感受湿墨晕染的效果　　图 185　运用彩墨创作花与蝴蝶

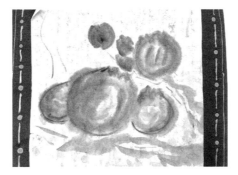

图 186　感受干墨浓淡的区别

（二）关注个体

1. 创作中的典型表现

　　熹熹用毛笔认真地创作自己喜欢吃的水果，她还用一个大圆来表示一个大盘子，用来盛放水果。她兴奋地看着自己的作品，一直在讲述自己的作品，以及自己最喜欢水果的外形和口感。昕昕在教师的鼓励下，很认真地观察了自己最喜欢吃的梨，他发现梨上面有一些黑色的点点，于是尝试用毛笔尖蘸上墨，点出一些黑点点，整个过程很专注、认真。

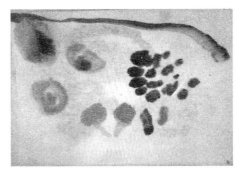

图 187　熹熹在认真地创作自　　图 188　昕昕在仔细观察了梨的外形后，
己喜欢吃的水果　　　　　　　　　在教师的鼓励下，尝试用墨在纸
上点上了黑点点

2. 幼儿日常表现

昕昕喜欢观察生活中的事物，经常摸摸、看看，喜欢尝试使用各种材料进行创作。

3. 整体教育策略

（1）教师应注重在一日生活中引导幼儿观察周围事物和景物的美和变化，结合小班幼儿爱探索的特点，给幼儿提供更多的探索空间，丰富幼儿更多的体验。

（2）教师在引导幼儿创作时，要创设轻松、带有情境的童趣环境，关注每一个幼儿在创作过程中的表现。

（3）教师提供丰富的游戏材料，带领幼儿体验不同的游戏，同时跟自己的爸爸、妈妈分享作品，在家或外出游玩时，尝试运用身边各种材料创作喜欢的作品，丰富对美的感受。

三、家庭活动

（一）活动内容

手工（纸塑）——纸的妙变。

（二）活动目的

1. 幼儿　感受纸的多变性，能表达自己对事物的观察与感受。

2. 家长　与孩子一起动手制作，提高动手和观察能力，感受不一样的创作。

（三）活动准备

1. 感受与欣赏

欣赏生活中自己喜欢的事物。

图 189　两只小老鼠　　　　　　图 190　卡通玩具小猴子

2. 工具与材料

乳胶、报纸、水、抹布、垃圾桶。

(四) 活动过程

第一步：

1. 内容　家长从网上搜集各种孩子喜欢的事物图片。

2. 做法

家长语言：这是什么？它是什么样子的？

家长行为：可以和孩子一起欣赏照片。

第二步：

1. 内容　与孩子一同上网查找、了解纸塑的制作过程。

2. 做法

家长行为：让孩子坐在腿上，耐心地给孩子讲用纸浆塑造形象的步骤及注意事项。

第三步：

1. 内容　和孩子一起寻找、收集适合制作的材料，并选择适宜的环境进行制作。

2. 做法

家长语言：你最喜欢、最想制作什么事物？它是什么样子的？我们先要做些什么？

家长行为：家长用惊喜的表情观察纸在手中的各种变化，边观察边用语言鼓励孩子表达自己的发现。

（五）作品欣赏

幼儿与家长利用纸浆共同创作了一些纸塑作品，如小鱼、小鸟等。

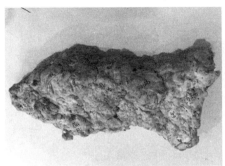

图 191　今今和妈妈一起做的小鱼　　　　图 192　军军和妈妈一起做的
　　　　　　　　　　　　　　　　　　　　　　　　　　小鸟

（教师：刘　平　幼儿园：北京市朝阳区劲松第一幼儿园）

5　月

第1周：绘画（拓印画）——一起去玩吧

第一步：创作的内容由情感而生

一、活动背景

（一）幼儿情感

1. 幼儿表现

扫码看图片9　　扫码看视频3

（1）外出春游过程中，两个孩子发现了扁担。于是，两人一前一后用扁担抬着两个大筐，玩了起来。

（2）伙伴们一起游玩时，棠棠看到了有趣的变色龙，赶紧叫好朋友嘟嘟过来一起看。她还用爸爸的手机把变色龙拍了下来。

图193　两人一起用扁担抬大筐　　　　图194　用手机给变色龙拍照

2. 对活动设计的启示

从幼儿的表现中教师发现，孩子之间的感情越来越友好，他们乐于一起游戏，一起分享彼此的发现。他们喜欢融入自然，去发现和体验各种新奇、有趣的事情。因此，教师在集体活动的题材上，把活动内容定为通过绘画的方式表达自己的发现和快乐的情感。

由于小班幼儿手部小肌肉控制能力、绘画表现力还处于不断发展的阶段，很难自如地画出想要表达的事物及形象。因此，本次活动准备采用拓印加添画的方式开展。

（二）幼儿发展

1. 幼儿在此表现形式中的发展现状

（1）幼儿愿意用拓印模具尝试拓印。

（2）幼儿能用单个模具拓印，并在拓印后进行添画。过程中，幼儿用色及添画形象都比较单一。

 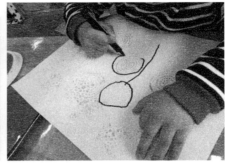

图 195　用模具尝试拓印　　　　　图 196　拓印后添画

2. 对活动设计的启示

（1）在目标的制订上：突出以拓印为主的表现手法，在拓印的基础上，引导幼儿涂色或添画。

（2）在物质材料的准备上：选择不同样式和大小的拓印工具，在颜料和彩笔的准备和提供上，选择明快、鲜艳的颜色。拓印颜料不宜过稀或过稠，以用笔沾完不滴水为宜。

（3）在活动过程中：教师可以借助拓印后的形象引导幼儿借形找形，通过添画或涂色的方式，使幼儿更好地表达想要表现的形象和情感。

二、活动内容

绘画（拓印画）——一起去玩吧。

三、活动目标

1. 乐于用不同的拓印工具和色彩表达自己想要表现的形象和情感。
2. 能用拓印和添画两种方式进行创作。
3. 通过活动提高幼儿语言表达能力，增进幼儿间的情感，使幼儿感受一起绘画的乐趣。

四、活动重点、难点

（一）重点

引导幼儿用拓印和添画相结合的方式进行创作。

（二）难点

尝试用线条和图案进行拓印后的简单装饰。

五、活动准备

（一）教师

1. 经验准备

（1）美术方面。

了解蔬菜拓印的方法，选用不同的颜料，感受拓印效果的不同。

图 197　水彩拓印

图 198　用蔬菜进行拓印

（2）人文方面。

拓印就是利用材质的纹路在纸上表现出意想不到的肌理效果。随着时代的发展，拓印版画的制作方式也发生了一些变化。很多人会选用在自然物上涂色，再将其印在纸上，借助自然物天然的纹理创作拓印画。拓印的手法多种多样，有扑墨拓、擦墨拓、乌金拓、蝉羽拓、蜡拓、扫拓、色拓等。拓印是一种孩子们非常喜欢的表现形式。通过拓印能够发展幼儿的想象力、创造力及绘画表现力。

2. 物质准备

滚刷，小草、小花、小动物等不同大小和样式的拓印工具，水粉颜料（红色、黄色、蓝色、绿色 4 种颜色），12 色易上色的油画棒。

（二）幼儿

1. 感受与欣赏

感受与欣赏和同伴、教师、家长共同出游的情景，通过图片，了解自然界动物的生存状态，欣赏拓印添画作品。

图 199　幼儿一起出游时的合影

图 200　和家长、同伴一起种植

图 201　自然界中的动物

图 202　拓印、添画作品

2. 工具与材料

（1）工具：滚刷，小草、小花、小动物等不同的拓印工具，装颜料用的纸盘 4 套（每套 4 个），12 色水彩笔或油画棒每两人一套。

（2）材料：水粉纸，水粉或丙烯颜料（红色、黄色、蓝色、绿色）。

（3）其他：罩衣若干件、擦手布人手一块、桌布每桌一块。

第二步：创作的过程促情感表达

一、美好回忆

（一）主要问题

1. 你和谁一起玩的？当时的心情是怎样的？

2. 你在游玩过程中看到了什么？

（二）实施要点

1. 出示幼儿一起外出游玩的照片。

教师出示的照片要注意尽量全面，最好能有展现大自然美丽景色及幼儿间互动的照片。

2. 教师根据照片内容进行提问，帮助幼儿回忆当时的情景和感受。

二、自由创作

（一）主要问题

1. 你想画什么？你想用哪些拓印工具？

2. 在不同的拓印图案旁可以添画些什么？

（二）实施要点

1. 教师出示拓印工具，激发幼儿的创作欲望。

出示滚刷及小草、小花、小动物等不同的拓印工具，请幼儿想一想自己想画什么、需要哪种拓印工具。

2. 通过提问，引导幼儿尝试用拓印和添画两种方式进行作品创作。

（1）教师出示水彩笔或油画棒。

（2）提问：除了用拓印工具进行拓印，你还希望你的作品上有什么吗？

（3）提问：在印出的小花旁边，我们可以用笔画些什么？在印出的小动物旁边，我们可以添画些什么？

…………

（4）针对幼儿提出的添画内容，教师可以请1～2名幼儿进行尝试。

3. 幼儿进行《一起去玩吧》拓印画的创作。

（1）幼儿创作过程中，教师要及时给予肯定，引导幼儿大胆、自主地创作。

（2）在幼儿尝试创作的过程中，教师可以引导幼儿用语言表达自己的感受。

玩美术　慧生活

幼儿美术"情感三部曲"教学模式的探索与实践　小班（下）

4. 关注全体幼儿，给予个性化的指导。

（1）预设情景 1。

幼儿表现：幼儿提出自己印完了，但不会画。

教师指导：请幼儿说说自己印的是什么，想让它变成什么或者让谁跟它做朋友。如幼儿还无法添画，教师可以用手在纸上比划一下，或握住幼儿的手一起进行添画，帮助幼儿迈出最难的第一步。

（2）预设情景 2。

幼儿表现：幼儿拿着各种拓印工具反复拓印，始终没有添画的意愿。

教师指导：教师要用平常心看待孩子的这种行为，允许其有这样的表现，其实，孩子出现这样的行为是他在反复探索拓印工具与颜料关系的一种方式。

第三步：创作的结束使情感延展

一、快乐分享

（一）主要问题

1. 你想把你的画讲给谁听？

2. 你都印了什么？还在旁边画了什么？

（二）实施要点

1. 将幼儿的作品布置到作品展示墙上。

教师提前准备好一面作品展示墙，请创作完作品的幼儿陆续将自己的作品展示在上面。

2. 在轻松的氛围下，幼儿互相欣赏、交流自己的作品。

（1）请幼儿找一个好朋友，互相说一说自己的作品。

（2）请幼儿说说都印了什么，还在旁边画了什么。

3. 教师对幼儿的表现进行小结。

（1）教师用幼儿能理解的语言小结幼儿作品，并将幼儿作品摆放好、晾干。

（2）教师将晾干后的幼儿作品订在一起，制作成自制图书，放在图书区，供幼儿游戏时分享。

二、幼儿园活动

（一）面向全体

1. 作品的用处

将幼儿作品晾干后，装订成册，制作成图书，投放在图书区，供幼儿阅读时互相讲述。

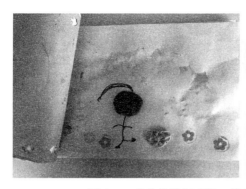

图 203　将作品装订成册，投放在图书区，供幼儿互相讲述

2. 多元表现与创造

（1）幼儿用各种拓印工具在纸黏土上拓印，再添画创作出作品。

（2）幼儿用捡拾的树叶等自然物进行拓印。

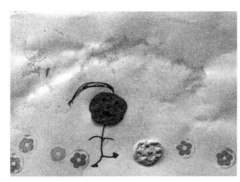

图 204　用拓印工具在纸黏土上拓印　　图 205　用捡拾的树叶等自然物进行拓印

（二）关注个体

图 206　拓印　　　　　　　　图 207　换个模具试一试

1. 创作中的典型表现

创作开始了，新新迫不及待地从小筐里拿起一个拓印模具，快速地把模具放在颜料里蘸了蘸，又拿起来把它按到纸上。之后，他停了下来，看了一下自己印出来的图案，接着又换了一个模具，把它放进颜料里，将蘸了颜料的模具按在纸上。就这样，他换了所有的模具，用了所有不同颜色的颜料。每次印完后，他都要看一眼，才开始印下一个，始终没有进行添画。

2. 幼儿日常表现

新新平时特别喜欢尝试新鲜的事物，对一些不懂的、不知道的总会问"这是什么呀""为什么呀""怎么弄呀"等。另外，新新也比较喜欢参与美工活动，特别是泥工活动。在泥工制作活动中，他也会反复进行按、压、揉等操作，探索和尝试各种材料和工具。

3. 整体教育策略

（1）教师要引导幼儿多接触不同形式的艺术活动，丰富其艺术感受与体验，使其能有更多动手探索、尝试的机会。

（2）在幼儿创作过程中，教师要理解幼儿尝试、探索的行为表现，不要制止。当幼儿探索完工具与材料后，可以用语言提示，如"我看到你用模具印了一个××，你还想用笔再添画些什么吗?"另外，教师也可以将材料投放到艺术区，让孩子继续尝试和探索。

（3）教师可以建议家长平时多带孩子走进大自然，多接触、尝试一些新鲜的事情，以满足孩子的探索欲和求知欲。

三、家庭活动

（一）活动内容
绘画（水粉画）——石头彩绘。

（二）活动目的
1. 幼儿　能用水粉颜料进行石头彩绘，感受自由创作的乐趣。

2. 家长　通过活动提高家长的审美能力，感受艺术作品的美。过程中，能倾听幼儿的想法和感受，尊重幼儿的创作意图。

（三）活动准备
1. 感受与欣赏

感受与欣赏各种石头彩绘作品。

图 208　石头彩绘作品　　　　　　图 209　石头彩绘组合作品

2. 工具与材料

（1）工具：水粉笔 1 套，调色盘（花形或多格）1 个，涮笔筒 1 个（可用塑料瓶代替）。

（2）材料：12 色颜料 1 盒，石头若干，A4 大小彩纸 2～3 张。

（3）其他：罩衣、抹布、桌布（也可用报纸代替）。

（四）活动过程

第一步：

1. 内容　捡石头。

2. 做法

家长语言：我们一起到外面捡石头，和石头做游戏吧！

家长行为：家长和孩子一起捡不同形状的石头，并讨论不同形状的石头像什么。

第二步：

1. 内容　欣赏石头画。

2. 做法

家长语言：这里有好多石头画。你看看，这个石头和我们捡来的石头有什么不同？它是什么颜色的？它身上有什么图案？

家长行为：准备各种石头画、图片，和孩子一起仔细观察，注意石头画中的细节，如颜色、图案等。

第三步：

1. 内容　一起讨论石头画的创作方法和内容。

2. 做法

家长语言：那你想让咱们的石头变漂亮吗？你想让它变成什么样儿的呢？

我们可以怎么变？

家长行为：先听听孩子的想法，再和孩子一起说一说、想一想怎么创作石头画。

第四步：

1. 内容　家长和孩子共同尝试创作石头画。

2. 做法

家长语言：需要画小图案的时候，用小的水粉笔。大面积涂色时，用大的水粉笔。注意画的时候，不要沾太多的颜料。宝贝，用完一种颜色，要把笔涮干净，再用别的颜色。

家长行为：为幼儿套上套袖，准备颜料和画笔，和幼儿一起创作石头画。

第五步：

1. 内容　一起欣赏作品，共同清理桌面，养成使用美术用品的好习惯。

2. 做法

家长语言：看，我们共同完成了作品，真棒！现在，我们一起把桌面清理干净吧！

家长行为：与孩子共同欣赏作品并完成桌面的清理工作。

（五）作品欣赏

幼儿与家长共同创作石头彩绘作品，如《小鱼》《夜晚》等。

图 210　与孩子共同创作

图 211　石头彩绘拼摆作品

图 212　单独彩绘作品：小鱼

图 213　单独彩绘作品：夜晚

（教师：郭天晓　幼儿园：北京市朝阳区枣营幼儿园）

第2周：绘画（粉笔画）——我喜欢的小动物

第一步：创作的内容由情感而生

一、活动背景

（一）幼儿情感

扫码看图片 10

1. 幼儿表现

（1）在自然角，幼儿对小昆虫产生了浓厚的兴趣。有的幼儿说不仅喜欢小鱼，还喜欢很多别的小动物。

（2）在美工区，幼儿喜欢用彩泥进行美术创作，制作出自己喜欢的小动物。

图 214　在自然角观察小动物　　　　图 215　用彩泥制作自己喜欢的小动物

2. 对活动设计的启示

（1）幼儿不仅喜欢自然角的小动物，还喜欢在动物园和书上见到的小动物。

（2）用粉笔绘画，操作简单，可以在纸上、地面上绘画。

（二）幼儿发展

1. 幼儿在此表现形式中的发展现状

幼儿能用粉笔画出简单的图形并组合出形象，用色较为单一。

图 216　能用简单的图形组合出形象　　　　图 217　运用色彩单一

2. 对活动设计的启示

（1）鼓励幼儿尝试创作自己喜欢的小动物，以此获得愉悦感和满足感。

（2）用粉笔绘画，操作简单，小班幼儿手部小肌肉群尚处于逐渐发展中，可以为幼儿提供 1/2 大的粉笔。

（3）创作过程中，关注幼儿创作不同形象的小动物，鼓励他们表达对小动物的喜爱之情。

二、活动内容

绘画（粉笔画）——我喜欢的小动物。

三、活动目标

1. 喜欢用粉笔创作自己喜欢的小动物，在过程中感受粉笔创作的快乐。

2. 能够用粉笔画出自己喜欢的小动物基本外形特征。

3. 愿意与同伴分享自己绘画的小动物，表达对小动物的喜爱之情。

四、活动重点、难点

（一）重点

引导幼儿尝试用粉笔绘画，感受创作方式的不同。

（二）难点

能画出自己喜欢的小动物基本外形特征。

五、活动准备

（一）教师

1. 经验准备

（1）粉笔的特点。

粉笔使用方便，色彩淡雅、柔和。

（2）绘画方法。

① 直接画法：在黑板上、色粉纸上、地上用粉笔直接描绘出画面的画法。

② 揉搓法：用手指、手掌对画在黑板上、色粉纸上的粉笔颜色进行揉搓、涂抹。

③ 多层画法：在单层画的基础上描绘形象，色彩从局部开始向整体扩展，在画好的色层上不做颜色的重叠与调和，而是一次完成多层色彩的画作。

2. 物质准备

（1）工具：色粉纸若干张。

（2）材料：红色、黄色、蓝色、绿色、白色粉笔若干。

（3）其他：幼儿喜欢的小动物图片。

（二）幼儿

1．感受与欣赏

引导幼儿感受与欣赏各种常见小动物的图片，了解小动物的外形特征。

图 218　小兔　　　　　图 219　小猫　　　　　　图 220　小鸭

2．工具与材料

（1）工具：色粉纸。

（2）材料：红色、黄色、蓝色、绿色、白色粉笔若干。

（3）其他：围裙。

第二步：创作的过程促情感表达

一、美好回忆

（一）主要问题

1. 你们来模仿一下自己喜欢小动物走路的样子。我来猜一猜，你模仿的是哪个小动物？

2. 你们觉得我画的这个大大的圆是小动物的哪里？这个小小的圆是小动物的哪里？

（二）实施要点

1. 通过模仿小动物走路的样子，激发幼儿对小动物的喜爱之情。

教师创设情景，请幼儿模仿自己喜欢的小动物进入教室。

教师：快看呀，咱们班走进来好多的小动物。谁能到前面给大家表演一下，你模仿的是什么小动物？

以模仿小动物的形式激发幼儿对活动的兴趣。

2. 教师画出小鸭子的某个部位，让幼儿猜一猜是小鸭子身体的哪个部位，从而激发幼儿绘画其他小动物的兴趣。

二、自由创作

（一）主要问题

1. 你画的是什么小动物？

2. 你画的小动物在做什么？

（二）实施要点

1. 帮助幼儿根据自己喜欢小动物的基本外形特征进行绘画创作。

在绘画过程中，引导幼儿根据图片上的小动物外形特征进行绘画。

教师：你画的是什么小动物？小羊的头上有什么？小兔子的尾巴是什么样儿的？

2. 关注全体幼儿，给予个性化指导。

（1）预设情景 1。

幼儿表现：创作速度快，完成一幅作品后，坐在那里一副无所事事的样子。

教师指导：肯定幼儿的作品，通过与幼儿交流激发幼儿继续充实作品画面，也可以请幼儿跟教师轻声分享自己绘画的小动物，鼓励幼儿在创作喜欢的小动物时，能说出自己为什么喜欢这个小动物，并请幼儿轻声地说一说小动物在干什么、它的周围有什么、还可以有什么。

（2）预设情景 2。

幼儿表现：幼儿说自己不会画。

教师指导：及时鼓励并引导幼儿大胆创作或陪着幼儿一同完成作品。

教师在巡回指导的过程中，关注不绘画的幼儿，激发他们大胆创作。用游戏的方法引导并鼓励幼儿进行创作，如"你觉得××小动物的头像什么形状？""××小动物的身体像不像一个大气球？""咱们来试一试。"

第三步：创作的结束使情感延展

一、快乐分享

（一）主要问题

哪个小朋友想给大家介绍一下自己的作品，说说你喜欢的小动物在干什么呢？

（二）实施要点

1. 幼儿之间自由展示并分享画作。

幼儿之间自由展示并欣赏画作。幼儿主动向其他小朋友介绍自己绘画的小动物，说一说画的是什么小动物、小动物在干什么等。

待幼儿介绍完作品后，教师及时肯定幼儿的分享行为，同时引导其他幼儿用鼓掌的方式鼓励勇于分享作品的幼儿。

2. 分享后对幼儿作品进行展示。

幼儿分享完作品后，在自然角创设"动物园展览馆"，将幼儿作品在作品墙上展示，或者将幼儿的作品装订成册，投放在图书区，供幼儿互相讲述，提高交往能力和语言表达能力。

二、幼儿园活动

（一）面向全体

1. 作品的用处

幼儿将作品展示出来并与同伴分享，讲述自己的创作思路和作品内容。

图 221　跟小伙伴分享自己的作品

2. 多元表现与创造

（1）幼儿通过肢体动作模仿表现自己喜欢的小动物。

（2）幼儿画出自己喜欢的小动物，制作头饰，戴在头上，进行表演，并向同伴讲述小动物的故事。

（3）幼儿在美工区选择各种材料和工具，进行创作，如用泥塑的方式创作自己喜欢的小动物造型。

图 222　模仿我喜欢的小动物

图 223　画出我喜欢的小动物，做成头饰，戴在头上，讲故事

图 224　喜欢在美工区制作自己喜欢的小动物

（二）关注个体

1. 创作中的典型表现

辰辰在画自己喜欢的小动物时，转着自己的小脑袋，看看这边，看看那边，迟迟没有动笔。教师走过去蹲下来，轻声地问辰辰："辰辰，你喜欢的是什么小动物？为什么不把它画下来？"辰辰转过小脑袋，说："老师，我喜欢大象。每次我去动物园，爸爸、妈妈都会带我去看大象。我喜欢的大象特别大。可是，我不会画大象。"我接着问："你见过的大象是什么样子的呢？"辰辰开始兴致勃勃地跟我讲述他眼中的大象："大象是那种高高大大的，它

有一个特别长的鼻子，它的鼻子还能帮助它做好多事情。"教师接着问："大象除了长着长长的鼻子，还长了什么？""还有四条像大柱子一样的腿，又粗又大。""那大象的头和身体是什么样子的，你还记得吗？"辰辰点点头，说："它的头像三角形，身体像咱们班桌子的形状。""咱们班的桌子是什么形状的？""是长方形的，而且大象还有像扇子一样的大耳朵。"辰辰笑着说。"那你能把你刚才跟老师说的大象的样子画出来吗？"辰辰点点头，开始画自己喜欢的大象。

在活动中，辰辰像其他幼儿一样喜欢小动物，喜欢画小动物。与辰辰沟通、交流时，他能把大象的基本特征说出来。教师通过对话启发辰辰回忆起之前见过的大象，并鼓励辰辰大胆画出自己喜欢的动物。

2. 幼儿日常表现

辰辰在班里年龄偏小，是个有想法的小朋友。平时，他经常去图书区，给其他小朋友讲述绘本中的插图故事。辰辰很喜欢大象，也经常将画有大象形象的绘本书带到班里，和其他小朋友分享。辰辰的语言表达能力很强，但在绘画时，不敢大胆进行尝试和表现。

3. 整体教育策略

（1）教师可以结合辰辰的兴趣点，引导他用绘画的方式创编故事情节，再讲给其他小朋友听。

（2）教师应及时肯定辰辰的绘画作品，帮助他树立绘画的自信心。

（3）家长可以陪伴辰辰进行绘画，在边玩边画的过程中，鼓励他细心观察自己喜欢的事物，并创设各种条件和机会，帮助辰辰不断提高绘画能力与水平。

三、家庭活动

（一）活动内容

手工（材料创作）——粉笔大变身。

（二）活动目的

1. 幼儿　感受粉笔砸碎后的不同状态，以及粉笔画表现出的不同风格。

2. 家长　在家长的帮助下，用粉笔表现出不同的造型，使幼儿感受粉笔不同的表现形式。

（三）活动准备

1. 感受与欣赏

准备创作粉笔画所需材料，出示粉笔画作品。

图 225 将各种颜色的粉笔砸碎

图 226 欣赏粉笔画《小花》

2. 物质准备

（1）工具：小木槌。

（2）材料：乳胶、硬纸板、粉笔。

（3）其他：罩衣、抹布、空的奶粉桶。

（四）活动过程

第一步：

1. 内容 激发幼儿用粉笔碎末创作的兴趣。

2. 做法

家长语言：小粉笔是细长的。今天，我们要让它来个"大变身"。

家长行为：家长帮助幼儿将整根粉笔敲碎，使粉笔变成碎末状。

第二步：

1. 内容 幼儿和家长一起用碎粉笔末创作《我喜欢的……》的作品。

2. 做法

家长语言：你想用碎粉笔末堆出你喜欢的什么东西？

家长行为：和孩子一起用碎粉笔末堆出孩子喜欢的东西，并鼓励孩子尝试各种形式的堆积。

第三步：

1. 内容 为作品取名字。

2. 做法

家长语言：为咱们的作品取个名字吧！

家长行为：和孩子一起为作品命名并拍照留念。

（五）作品欣赏

幼儿和家长用碎粉笔末共同创作《我喜欢的……》作品，如《红红的太阳》《好吃的葡萄》《可爱的小鱼》等。

图 227　麦麦家创作的《红　　图 228　暖暖家创作的《好　　图 229　晴晴家创作的《可
　　　　 红的太阳》　　　　　　　　　　吃的葡萄》　　　　　　　　　爱的小鱼》

（教师：韩　静　幼儿园：北京市朝阳区亚运村第二幼儿园）

第3周：绘画（拓印画）——我坐过的交通工具

第一步：创作的内容由情感而生

一、活动背景

（一）幼儿情感

1. 幼儿表现

（1）户外活动时，幼儿看着天上的飞机，大声地和同伴们分享自己坐飞机的感受。

（2）3天的假期结束了，小朋友们聚集在一起，兴奋地和同伴分享自己出游时乘坐交通工具的照片。

扫码看图片 11

图230　幼儿指着天上的飞机，与同伴分享

图 231　出游时，乘坐双层大巴

2. 对活动设计的启示

（1）幼儿对自己坐过的交通工具很感兴趣，因此，教师在集体活动的题材上选择拓印交通工具，以此开展活动。

（2）幼儿在生活中发现，快递员送来的物品中有一种塑料的泡泡纸（气泡膜）很好玩，用手按压能发出气泡爆裂的声音，幼儿对此产生了兴趣。教师再结合他们感兴趣的各种交通工具设计了本次活动，利用废旧材料泡泡纸及瓶盖等其他材料蘸颜料拓印、组合图案，形成幼儿生活中乘坐过的交通工具，满足幼儿的好奇心和探究欲望，也比较适宜小班幼儿操作。

（二）幼儿发展

1. 幼儿在此表现形式中的发展现状

（1）科学区活动中，幼儿发现了泡泡纸，喜欢把它拿在手里摆弄，用小手捏破泡泡，并发出"啵、啵"的响声。

（2）美工区投放泡泡纸、颜料和刷子时，幼儿对这些材料非常感兴趣，喜欢用小手摸来摸去，尝试用大刷子蘸色后刷在泡泡纸上，再拓印在白纸上，印出许多漂亮的泡泡。

图 232　捏破泡泡纸上的泡泡

图 233　用刷子将颜料刷在泡泡纸上

2. 对活动设计的启示

（1）在目标的制订上，鼓励幼儿尝试使用泡泡纸进行拓印活动。

（2）提供的刷子不宜过宽或过窄，宽度约 2 厘米的刷子较为适宜，投放的颜料要提前进行尝试，不宜过稀。

（3）在活动过程中，给予幼儿适当的支持与指导，发现幼儿不同的表达方式，给幼儿更多的分享机会，并予以肯定和鼓励。

二、活动内容

绘画（拓印画）——我坐过的交通工具。

三、活动目标

1. 喜欢使用泡泡纸蘸色、拓印各种造型，对泡泡纸拓印画感兴趣。
2. 尝试使用不同形状的泡泡纸与废旧材料组合、拓印出交通工具的造型。
3. 乐于用语言与教师、同伴分享自己的作品。

四、活动重点、难点

（一）重点

鼓励幼儿使用泡泡纸蘸色后，翻过来，拓印在适宜的地方。

（二）难点

利用不同形状的泡泡纸与废旧材料组合，创作出自己坐过的交通工具造型。

五、活动准备

（一）教师

1. 经验准备

搜集各种交通工具的图片。

图 234　交通工具各有各的特点

图 235　交通工具的外形可以看作几种常见的图形组合，如长方形、三角形、圆形等

　　幼儿的拓印创作其实就是将已知的形状和交通工具形象相结合。幼儿创作时不会急于动手，而是先观察实物的外形和细节，然后再开始创作。在创作过程中，幼儿会继续观察，会不断地将作品与实物进行对照，观察越细致拼贴、拓印的画面就会越生动。而观察的目的很多来源于幼儿的兴趣，因此，幼儿常常会从自己先看到的地方开始拓印，有时画面中还会出现与绘画无关的内容，借此表达自己的情感。

2. 物质准备

PPT 课件、作品展示板、轻音乐《莎莉花园》。

（二）幼儿

1. 感受与欣赏

幼儿观察过坐过的交通工具，有一定的感受与体验。

图 236　小轿车　　　　　　　图 237　自行车　　　　　　　图 238　火车

2. 工具与材料

（1）工具：刷子、湿抹布、调色板、各种废旧瓶盖。

（2）材料：白纸、泡泡纸、颜料。

（3）其他：毡布、罩衣、自己收集的交通工具模型。

第二步：创作的过程促情感表达

一、美好回忆

（一）主要问题

1. 你坐过的交通工具是什么样子的？它由哪些形状组成？

2. 刚刚看过的视频中，小朋友在做什么？他是怎么做的？

（二）实施要点

1. 播放 PPT 课件中孩子们曾经坐过的交通工具图片，帮助幼儿回忆交通工具的外形。

请幼儿观看自己外出游玩时乘坐交通工具的照片，并向同伴们介绍，如"我去大理了，是坐飞机去的。我坐的飞机可大了，能坐好多人呢！飞机有大大的身子，一边一个三角形的翅膀。着陆的时候，会看到几个大大的轮子。"

2. 欣赏小朋友制作泡泡纸拓印画的过程视频，引发幼儿的创作欲望，分享结合泡泡纸拓印画设计自己坐过交通工具的好方法。

教师：小朋友们，你们看到刚才视频里的小朋友在干什么？那个小朋友在用什么作画啊？

二、自由创作

（一）主要问题

1. 你想要拓印的交通工具是什么？它是什么样子的？是由哪些形状组成的？

2. 你准备先拓印这个交通工具的哪个部分？要在纸的什么位置拓印呢？

（二）实施要点

1. 幼儿进行创作，教师观察幼儿的行为表现，倾听幼儿讲述创作思路和创作内容，根据幼儿表现给予等待、启发、提问等多种方式的指导。

引导幼儿掌握观察的方法，先拓印交通工具主要的部分，并印在纸的中间。在创作之前，教师用语言引导幼儿："你要先印什么？把它印在哪里？"请幼儿说说自己的想法，可以在集体面前发言，也可以和同伴分享自己的想法。还可以引发幼儿回忆欣赏作品的画作位置和猜猜它先印的哪里，并说明自己这么认为的原因。让幼儿在思索、表达和回忆中整合自己的认知经验，主动找到创作顺序和方法。听到问题后，有的幼儿开始谈自己的看法，有的幼儿在思索，有的幼儿则说出和刚才小朋友不一样的看法，讨论得很激烈。但有较统一的认识：先画交通工具的主体，要画得大一些，画在纸张的中间位置。最后，大部分幼儿能按照自己讨论、总结的方法开始绘画。

2. 当幼儿不进行创作时，引导幼儿观察、触摸交通工具模型，特别注重观察细节，尊重幼儿的绘画习惯和方式，并用语言鼓励幼儿，启发幼儿想一想，还可以用什么不一样的材料进行拓印，为幼儿树立想动手、敢动手的信心。

3. 关注全体幼儿，给予个性化指导。教师通过鼓励和询问等方式和幼儿互动。当幼儿特别有主见，能主动进行创作时，教师可以追随幼儿的想法，及时给予鼓励。

4. 当幼儿不满足于教师提供的材料时，允许其表达自己的想法，在不影响他人的情况下，与教师一起选择材料进行表达与创作。

（1）预设情景 1：幼儿无从下手。

教师指导：

① 提前询问幼儿：你坐过哪种交通工具？它是什么样子的？想一想，它的主要部分是什么形状？还有什么形状？

② 鼓励幼儿大胆尝试创作。

（2）预设情景 2：幼儿将各种形状随意拓印、组合（形状组合的位置不准确）。

教师指导：

① 引导幼儿仔细观察自己的作品并询问幼儿："你坐的是什么交通工具啊？我怎么看不出来啊？是什么原因呢？"引导幼儿找到自己在拓印过程中没有把握好形状与形状之间的距离和位置，所以画得不像，想一想可以怎么调整。

② 鼓励幼儿再次尝试创作。

第三步：创作的结束使情感延展

一、快乐分享

（一）主要问题

1. 你的作品是什么？它是由哪几个形状组成的？

2. 你是怎么创作的？

（二）实施要点

1. 根据幼儿结束创作的速度不同，可以请快速完成创作的幼儿向同伴介绍自己的作品，让幼儿产生成就感，引导他发现自己特殊的表达方式，自豪地与他人分享。分享的幼儿愿意说出自己的感受，并说出画作中自己最喜欢、最自豪的地方。大家互相介绍着自己的画作，彼此欣赏，很开心。

2. 利用集体分享的方式，呈现孩子们的作品。教师应及时肯定幼儿的表达，引导幼儿能将自己的作品和同伴的作品进行对比，互相学习，取长补短。

3. 带领幼儿将作品展示到展板上，与大家一起分享创作的快乐。

二、幼儿园活动

（一）面向全体

1. 作品的用处

将幼儿作品展示在作品墙上，幼儿向其他小朋友介绍自己的作品内容及创作过程。

图 239 向其他小朋友介绍自己的作品

2. 多元表现与创造

幼儿利用各种废旧材料进行美术创作。

图 240　利用废旧材料进行美术创作

图 241　将生活中收集的废旧材料投放到区域游戏中

（二）关注个体

1. 创作中的典型表现

高兴带来了自己最喜欢的小火车。她在描述自己的火车时很主动，向小伙伴介绍火车是自己亲自挑选的，自己特别喜欢火车的颜色。在开始作画时，她却迟迟不肯动手。我走上前去，问她："你需要帮助吗？"她说："我不会画。"然后，我引导她先摸一摸自己的火车，感知一下车厢的形状。她摸完之后开始操作，先找了一个长方形的泡泡纸，在小泡泡上刷上颜色进行拓印。然后，她又停下来，看着我："老师，我想做一列长长的火车。""你看你带来的小火车是什么样儿的？一节一节的车厢是什么样儿的？分开的，还是连在一起的？""连在一起的，我知道了，呵呵。""老师，我想给我的小火车装上不一样的轮

148

子，可以吗?""当然可以，你找找看，咱们班有没有你想用的材料。""好的!"

图 242　拓印完一节车厢后，
　　　　她又有点不知所措

图 243　给小火车加上了一节节的车厢

图 244　把颜料瓶的瓶盖刷上颜色，拓印出圆形，当作火车的轮子

2. 幼儿日常表现

高兴在日常生活中特别喜欢和其他小朋友交流，对新鲜的事物也很感兴趣，但缺乏细致的观察，导致操作时有畏难情绪。

3. 整体教育策略

（1）教师要及时表扬她认真观察的学习态度，帮助她建立自信。

（2）让她多欣赏一些美术作品，体验多种绘画方法的不同。让她亲自实践，多感知、多观察、多操作，丰富其美术方面的认知经验，增加审美体验。

（3）家园共育。和家长沟通，共同引导、鼓励幼儿，表扬她今天绘画过程中能认真观察、大胆说出自己的想法并画出自己喜欢的小火车，增强她的自信心。

三、家庭活动

（一）活动内容

手工（材料制作）——交通工具。

（二）活动目的

1. 幼儿　利用生活中的废旧材料进行手工制作，增强幼儿对美术活动的兴趣。

2. 家长　感受到美就在我们的身边，与幼儿一起体验手工制作的快乐。

（三）活动准备

1. 感受与欣赏

家长带领幼儿参观生活中常用的交通工具。

图245　妈妈带我去铁道博物馆　图246　我去妈妈的单位看飞机

2. 工具与材料

（1）工具：胶棒、剪刀、透明胶、水彩笔。

（2）材料：白乳胶、各种颜料、各种废旧纸盒、易拉罐。

（四）活动过程

第一步：

1. 内容　欣赏照片。

2. 做法

家长语言：这是我们去哪里拍的照片？我们是怎么去的？这个交通工具是什么样子的？

家长行为：家长和幼儿坐在沙发上，可以用手搂着孩子，通过家中的电脑播放照片，耐心地与幼儿欣赏共同出游的照片，引导幼儿回忆自己和爸爸、妈妈乘坐什么交通工具出行的。

第二步：

1. 内容 寻找材料。

2. 做法

家长语言：我们一起在家里找一找，看看哪些材料可以制作出咱们坐过的交通工具，好不好？看看我们还需要什么材料，将它们组合起来，就能变成我们坐过的交通工具了。

家长行为：请家长尊重幼儿的想法，将创作的权利交给孩子。

第三步：

1. 内容 自由创作。

2. 做法

家长语言：你试一试，怎样将这些材料组合在一起？我们怎么连接呢？咱们一起试一试。

如果幼儿在操作过程中遇到困难，家长可以提示幼儿：再想一想，还可以用什么好方法呢？咱们还可以给它涂上什么颜色呢？

家长行为：尊重幼儿的想法，将主动创作的权利交给孩子，家长只是协助幼儿完成其创作构思。

（五）作品欣赏

幼儿和家长利用各种废旧材料共同创作交通工具，如小飞机、装载车、彩车等。

图 247　我用饮料瓶做的小飞机

图 248　我和妈妈一起制作的装载车

图 249　这是公主坐的彩车，可漂亮了

（教师：芮　静　幼儿园：北京市朝阳区奥园幼儿园）

第4周：绘画（喷画）——喷出来的宝贝

第一步：创作的内容由情感而生

扫码看图片12

一、活动背景

（一）幼儿情感

1. 幼儿表现

（1）孩子们喜欢主动用喷壶给植物浇水。

（2）孩子们喜欢制作礼物并送给好朋友。

图250　用喷壶给植物浇水　　　　图251　手工制作礼物并送给朋友

2. 对活动设计的启示

（1）幼儿对礼物充满了好奇与期待，喜欢在区域活动中制作礼物并送给好朋友。好朋友收到礼物时也会很开心、很满足。

（2）小班幼儿喜欢拿着喷壶在植物角浇花，看到喷壶里喷出水时会很高兴，可以在植物角多投放一些喷壶，也可以在美术教学活动时将喷壶作为工具使用。

（二）幼儿发展

1. 幼儿在此表现形式中的发展现状

（1）幼儿掌握不好喷壶的正确使用方法，无法喷出颜料。

（2）幼儿掌握不好喷壶喷的方向，容易出现斜着喷出或堆积喷出颜料的现象。

图252　掌握不好喷壶喷的方向，容易斜着喷出或　　图253　不会使用喷壶，
　　　　堆积喷出颜料　　　　　　　　　　　　　　　　　　无法喷出颜料

2. 对活动设计的启示

（1）在目标的制订上：要突出引导幼儿掌握撕纸的技巧和喷画的方法。

（2）在物质材料的准备上：在选择喷壶时，要让幼儿进行尝试，选择适合幼儿使用的喷壶，避免太大、幼儿操作不方便。在调制颜料时，提前尝试，尝试喷出的颜料是不是水雾状，避免颜料过稀或过稠。同时，提醒幼儿注意常规，如撕下来的废纸要放进桌子上的垃圾筐里、正确使用喷壶和镊子、操作后要整理桌面等。

（3）在活动过程中：引导幼儿多欣赏不同组合造型的喷画作品图片，给予幼儿适当的支持与引导，鼓励幼儿进行创作，并对动手能力弱的幼儿进行个别指导。

二、活动内容

绘画（喷画）——喷出来的宝贝。

三、活动目标

1. 喜欢撕不同形状的纸，大胆拼摆出不同的造型。
2. 大胆尝试用装有颜料的喷壶在纸上喷出不同的形状。
3. 能够把自己撕出的纸敷贴在白纸上，使用喷壶喷出颜色，感受使用喷壶喷色带给自己的惊喜与快乐。

四、活动重点、难点

(一) 重点
鼓励幼儿用白纸撕出自己喜欢的形状。

(二) 难点
尝试使用喷壶将颜料喷在纸上，注意不要反复喷。

五、活动准备

(一) 教师

1. 经验准备

（1）了解撕纸和喷绘的技巧。

撕纸是一种类似剪纸但又和剪纸不同的平面镂空艺术。撕纸时，手部的大拇指和食指、中指相互配合，一般左手负责控制纸的角度，右手负责用力撕开纸。撕的时候，根据情况的不同可以用左、右手的大拇指和食指、中指一起用力。

喷绘是一种基本的、传统的美术表现技法，它有着其他绘画手法不可代替的特点和优越性。相对于其他手绘技法，它的技法表现更细腻、真实，可以超写实地表现物体和景象，达到以假乱真的画面效果。

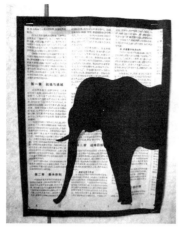 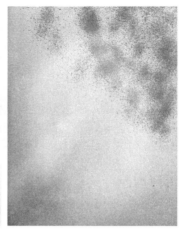

图 254　用手撕出动物的外形轮廓　　图 255　五彩喷画

（2）感受喷绘效果的多样性。

欣赏各种喷绘作品，感受喷绘效果的多样性。

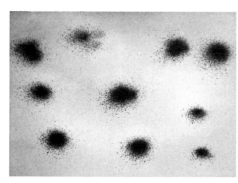 

图 256　喷绘作品：彩色的点儿　　图 257　喷绘作品：小鹿和长颈鹿

2. 物质准备

轻音乐《雨的印记》、音乐《找朋友》、投影仪。

（二）幼儿

1. 感受与欣赏

引导幼儿欣赏不同类型的画作，感受美术创作表现形式的多样性。同时，了解喷绘是其中的一种表现形式。

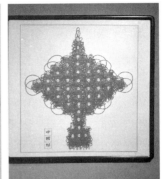

图 258　拼贴画：大树　　　图 259　蛋壳拼贴画：小花　　　图 260　中国结

图 261　单个人物画作　　　　　　　图 262　群体人物画作

2. 工具与材料

（1）工具：喷壶、平头竹镊子。

（2）材料：水粉颜料、水粉纸、手工彩纸。

（3）其他：桌布、罩衣、塑料垃圾筐。

第二步：创作的过程促情感表达

一、美好回忆

（一）主要问题

1. 你们看到礼物的时候开心吗？

2. 你们收到的礼物是什么样子的？

3. 你们想不想制作礼物呢？

（二）实施要点

1. 教师通过大屏幕向幼儿展示"喷出来的礼物"图片，引起幼儿兴趣。

教师以惊奇的声音和表情对全体幼儿说："小朋友们，今天，我在上班的路上遇到了一位厉害的魔术师，他送给小朋友们一个礼物。你们猜猜是什么？"幼儿说"棒棒糖""书包""玩具"等。

2. 请幼儿观看大屏幕上的喷画作品图片，耐心等待并观察幼儿的表情或动作。

幼儿看到大屏幕上的喷画，发出感叹"哇，好漂亮"。教师："你们觉得哪里漂亮？"幼儿说："它的颜色很漂亮，像彩虹。"

3. 鼓励幼儿用多种形式表达自己的认知与发现，如语言表达、肢体动作表演等。引导所有幼儿参与其中，加深对喷画形态的认识。

4. 引导幼儿表达撕纸的方法与喷画的制作方法，教师进行总结。

（1）教师总结幼儿的动作及语言，提问："画中的形状是怎么出来的？"

（2）幼儿边示范边说："撕出来的。""盖在上面。""喷壶喷一喷。"

（3）教师总结并在投影仪下示范："首先，拿起一张彩纸，撕出自己喜欢的形状，把形状覆盖在水粉纸上，再拿喷壶喷出颜料。最后，用小镊子把覆盖的一层纸夹到垃圾桶里，喷画作品就完成啦！"

二、自由创作

（一）主要问题
你想做一个什么礼物？

（二）实施要点

1. 倾听幼儿的回答，根据幼儿的回答提出建议，并提升幼儿撕纸和喷画的技能。

教师播放轻音乐《雨的印记》，鼓励幼儿根据自己的回答，用彩纸撕出自己喜欢的形状。引导幼儿把多余的碎纸扔进垃圾筐里，保持桌面、地面的整洁。鼓励幼儿遇到困难时，主动寻求教师的帮助。

2. 关注全体幼儿，给予个性化指导。

（1）预设情景 1。

幼儿表现：没有自己的想法，不会把自己的想法表达出来。

教师指导：询问幼儿的想法，帮助幼儿梳理制作的思路，如制作的想法超出幼儿能力范围，教师可以帮助幼儿一起完成，同时边做边说，引导幼儿观察并再次创作。

（2）预设情景 2。

幼儿表现：撕不出自己想要的形状，不能很好地掌握撕纸的技巧。

教师指导：帮助幼儿撕出想要的形状，根据幼儿的能力与水平向幼儿提出合理的建议。

（3）预设情景 3。

幼儿表现：在喷画时，掌握不好喷壶的方向，喷出来的颜料有堆积现象。

教师指导：走到幼儿身边，蹲下来，给幼儿示范正确的喷画方式。

（4）预设情景 4。

幼儿表现：总是对着纸的一个地方反复喷，导致水粉纸被颜料浸湿。

教师指导：指导幼儿用喷壶散喷或喷向空白的地方。

第三步：创作的结束使情感延展

一、快乐分享

（一）主要问题

你想把礼物送给谁？

（二）实施要点

1. 播放音乐《找朋友》，引导幼儿把做好的作品送给自己的好朋友，和好朋友抱一抱。

教师可以说："咱们的作品都做好了，非常漂亮！你们想把作品送给谁啊？"播放音乐《找朋友》，幼儿拿着作品离开座位，找到朋友，把作品当作礼物送给他。音乐停止时，请幼儿回到座位坐好。教师可以说："孩子们，听一听，这是什么歌曲啊？"幼儿回答："《找朋友》。"教师可以说："那你们找到好朋友了吗？找到好朋友，就把作品送给他吧！音乐停了，请小朋友们拿着礼物回座位吧！"

2. 引导幼儿表达自己收到礼物的心情以及自己对作品的理解，教师认真倾听幼儿的表达。

教师可以提问："你收到礼物开心吗？为什么？"幼儿可能回答："开心，因为我喜欢我的好朋友。""开心，因为这个礼物很漂亮。"教师可以说："你们收到的礼物漂亮吗？哪里漂亮？"幼儿可能回答："漂亮，我的这幅作品像大树一样。""漂亮，我的这幅作品像楼房。""我的这幅作品像小花一样。"教师对幼儿的回答给予肯定。

3. 教师运用幼儿能够理解的语言小结幼儿作品，如喷画形态、制作方法等，帮助幼儿提升、总结创作经验。

教师可以说："我也觉得这些礼物都很漂亮！我喜欢你们制作的礼物，有的像房子，有的像小河在流水，还有的像鸟儿在天上飞，真的很有创意！"

二、幼儿园活动

（一）面向全体

1. 作品的用处

与幼儿一起将作品做成机器人的造型，在区角展示。

图 263　机器人

2. 多元表现与创造

（1）幼儿在喷画作品上用水彩笔进行添画。

（2）幼儿在喷画作品上，用撕纸粘贴的方式进行添画。

图 264　水彩笔添画　　　　图 265　撕纸粘贴添画

（二）关注个体

1. 创作中的典型表现

在活动过程中，我发现倍儿不太会使用喷壶。她尝试几次后，便放下了喷壶，呆呆地看着自己的水粉纸。我走过去，蹲下问她："你怎么啦？"倍儿说："这个喷壶按不下去。"我拿过倍儿的喷壶，对着水粉纸喷了一下，对她说："你再试一试，往下按，你可以的!"倍儿拿起喷壶，对着水粉纸喷了一下，颜料果然喷了出来。

2. 幼儿日常表现

在日常生活中，倍儿不太爱说话，遇到困难时也不会主动向教师提出，如在区域活动时，她的玩具需要教师帮忙组装，但是她不说话，一直在教室里走来走去。当教师发现她并主动问她："你有什么需要帮助的吗?"她才会说出自己的问题。

3. 整体教育策略

（1）鼓励幼儿遇到解决不了的问题时，能大胆地向他人表达自己的想法，请求别人的帮助。当幼儿大胆表述后要及时鼓励幼儿，给予肯定，使幼儿心理上获得安慰。

（2）多与幼儿沟通、交流，亲近幼儿，拉近和幼儿之间的距离，使幼儿能够在他人面前大胆地表达自己的想法。

（3）与家长沟通、交流，让家长在家里多给幼儿提供表达的机会，多与家人交流，增强幼儿自信心，让幼儿能够大胆地表达自己的想法。

三、家庭活动

（一）活动内容

绘画（装饰画）——漂亮的手绢。

（二）活动目的

1. 幼儿　能够运用生活中的材料设计出各种形状，进行喷染。

2. 家长　在生活中，引导孩子感受多种利用物品进行绘画创作的方法，体验与孩子一起动手创作的乐趣。

（三）活动准备

1. 感受与欣赏

感受与欣赏真实手绢上的花纹与图案。

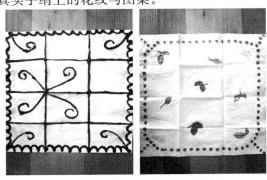

图 266　手绢上面的花纹和图案

2. 工具与材料

（1）工具：喷壶。

（2）材料：宣纸、水粉颜料（红色、黄色、蓝色）。

（四）活动过程

第一步：

1. 内容　和幼儿一起讨论玩游戏"丢手绢"的乐趣，激发幼儿想要制作手绢画的兴趣。

2. 做法

家长语言：你和小朋友玩"丢手绢"游戏的时候开心吗？

家长行为：坐在孩子身边，和孩子一起看游戏照片，可以轻轻地拍着孩子的后背。

第二步：

1. 内容　询问幼儿想不想制作一块漂亮的手绢，拿到幼儿园，和小朋友们一起做游戏。

2. 做法

家长语言：你先想一想，要制作什么样儿的手绢呢？需要怎么制作？在喷画时，要注意别只在一个地方喷，那样喷出来的水雾容易堆积。如果有需要，妈妈（爸爸）可以帮你。

家长行为：把大小适宜的宣纸平铺在桌子上，喷壶放在孩子容易取放的位置，和孩子一起讨论先喷哪儿，喷成什么样子的。告诉孩子喷壶的正确使用方法。

第三步：

1. 内容　幼儿完成作品，把作品放在阳光下晾干。

2. 做法

家长语言：你喷得真棒，好漂亮的手绢啊！剩下的颜料和宣纸要放回柜子里，桌面还需要擦一下。

家长行为：家长和孩子一起把作品放在窗台或桌子上晾晒，和孩子一起收拾桌子，把剩下的材料放回柜子里。

第四步：

1. 内容　倾听幼儿的想法，问问幼儿想用作品做什么。

2. 做法

家长语言：这么好看的手绢，你想用它做什么？

家长行为：和孩子一起站在作品前，讨论手绢的用处，满足孩子的合理愿望。

（五）作品欣赏

幼儿在家长的指导下创作出喷绘作品——手绢画。

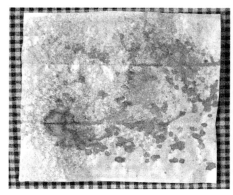 

　图267　喷画作品：雨点落下来　　　　图268　喷画作品：黄色的阳光和蓝色的大海

（教师：吕明欢　幼儿园：北京市朝阳区朝花幼儿园东大桥园）

6 月

第1周：绘画（面糊画）——好吃的冰激凌

第一步：创作的内容由情感而生

一、活动背景

扫码看图片 13

（一）幼儿情感

1. 幼儿表现

（1）不论是夏天还是冬天，冰激凌都是小朋友们最喜欢的食物。

（2）在美工区的活动中，幼儿想出一种新玩法：将橡皮泥放进塑料纸杯里，做成冰激凌蛋糕。

图 269　喜欢吃冰激凌

图 270　用橡皮泥制作冰激凌纸杯蛋糕

2. 对活动设计的启示

（1）教师利用幼儿喜欢玩颜料和爱吃冰激凌的特点，准备开展一次关于冰激凌的绘画活动。

（2）教师受幼儿情感表现的启发，想到了可以使用面糊进行绘画创作。

（二）幼儿发展

1. 幼儿在此表现形式中的发展现状

（1）幼儿在美工区的活动中喜欢用拓印的方法玩颜料。

（2）幼儿不会挤蛋糕袋，但愿意尝试。

（3）幼儿在美工区的活动中用撕纸粘贴的方法制作冰激凌。

（4）幼儿在美工区的活动中用绘画、涂色的方法画出冰棒。

图271　拓印各种颜色　　　　　图272　尝试挤蛋糕袋中的颜料进行创作

图273　撕纸粘贴冰激凌　　　　　图274　画冰棒

2. 对活动设计的启示

（1）在目标的制订上，要突出幼儿游戏过程的快乐体验。

（2）小班幼儿正处于手部精细动作的发展期，喜欢团团捏捏的活动。因此，选用易于幼儿捏的蛋糕袋和面糊为主要工具与材料。

（3）活动过程游戏性要强，同时多鼓励幼儿亲自动手尝试。

二、活动内容

绘画（面糊画）——好吃的冰激凌。

玩美术　慧生活
幼儿美术"情感三部曲"教学模式的探索与实践　小班（下）

三、活动目标

1. 喜欢按照自己的方式创造不同样式的冰激凌，感受自己动手创作带来的乐趣。

2. 运用捏、挤蛋糕袋中的面糊创作出造型多样的冰激凌。

3. 感受生活情趣，体验生活的美好。

四、活动重点、难点

（一）重点
引导幼儿创作出不同样式的冰激凌。

（二）难点
运用捏、挤蛋糕袋中的面糊创作出多种造型的冰激凌。

五、活动准备

（一）经验准备

1. 面糊画创作方法：先在量杯里加入适量的水，再加入水粉颜料，最后用搅拌棒搅拌均匀，然后加入一杯面粉，搅拌成彩色的面糊，取一张深色的纸，铺在桌面上，在上面用彩色面糊作画。

2. 感受冰激凌造型的多样性。

图 275　各种各样的冰激凌

（二）工具与材料

1. 工具　托盘。

2. 材料　A4 黑色卡纸每人一张、彩色瓦楞纸、水粉颜料、1∶1 的面粉糊、蛋糕袋。

3. 其他　罩衣、湿毛巾、音乐、冰激凌图片、幼儿吃冰激凌的视频。

第二步：创作的过程促情感表达

一、美好回忆

（一）主要问题

1. 视频里的小朋友在吃什么？你们喜欢吗？

2. 猜一猜，这个是什么？（蛋糕袋）做什么用的？

（二）实施要点

1. 出示幼儿吃冰激凌的视频，引导幼儿回忆吃冰激凌时愉快的情绪。

教师以个人情绪感染幼儿，鼓励幼儿大胆表达吃冰激凌时的心情并说一说，如"甜甜的""大大的"等，回忆吃冰激凌时的快乐感受。

2. 通过启发性提问调动幼儿已有经验，借助幼儿自主表达，自然渗透用蛋糕袋挤冰激凌的方法。

教师好奇地看着幼儿，说："猜一猜，这是什么？"幼儿会有多种表达，当幼儿说出蛋糕袋能挤蛋糕时，教师随着幼儿的表达进行演示，给幼儿一种直观的感受。

3. 通过教师提问，调动幼儿的积极性，并自然地呈现蛋糕袋挤出面糊的过程，让幼儿初步感知用蛋糕袋创作面糊画的方法。

4. 教师通过表情、动作鼓励幼儿大胆发言，感受参与美术活动的乐趣。

二、自由创作

（一）主要问题

1. 你邀请袋宝宝和你做游戏了吗？它们是怎么玩儿的呀？

2. 你想做一个什么样儿的冰激凌？

（二）实施要点

1. 和幼儿共同游戏，增加游戏的欢乐气氛。

2. 倾听幼儿的回答，根据幼儿的回答提出建议并提升幼儿挤的技巧。

激发幼儿创作欲望，教师："你邀请袋宝宝和你做游戏了吗？"教师欣喜地看着幼儿的作品，好奇地询问："它们是怎么玩儿的呀？"教师鼓励幼儿分享自己的创作方法。教师笑着询问幼儿："你想做一个什么样儿的冰激凌？"幼儿可

玩美术　慧生活
幼儿美术"情感三部曲"教学模式的探索与实践　小班（下）

能会回答"一个一圈一圈的冰激凌""甜筒冰激凌""小人冰激凌""桃心冰激凌"。教师可以根据幼儿的回答提出建议，如"你的桃心冰激凌可以叠加好多层，一层一层由大到小地叠在一起"等。

3. 关注全体幼儿，给予个性化指导。

（1）预设情景1：

幼儿表现：有的幼儿拿到蛋糕袋后，利用蛋糕袋一点一点地挤出彩色面糊，有的幼儿挤不出来。

教师指导：主动询问幼儿，手把手地教幼儿反复尝试挤出带有颜色的面糊。

（2）预设情景2：

幼儿表现：幼儿迟迟不动手操作，不敢做，怕自己做不好。

教师指导：教师蹲在幼儿身边，询问并肯定幼儿的想法，增强幼儿的自信心，鼓励幼儿大胆制作。幼儿动手制作后，及时夸奖幼儿。

（3）预设情景3：

幼儿表现：幼儿把多种颜色挤在一起，制作出现实生活中没有的冰激凌。

教师指导：教师肯定幼儿的想象力，为幼儿提出合理的建议。

第三步：创作的结束使情感延展

一、快乐分享

（一）主要问题

你喜欢哪个冰激凌？为什么？

（二）实施要点

1. 鼓励幼儿就问题表达自己的想法，并给予肯定。

教师指着幼儿作品，微笑着问："你喜欢哪个冰激凌？"幼儿可能说"我喜欢那个多种颜色的冰激凌"或"我喜欢某某的冰激凌"。教师问："为什么？"幼儿说出理由，教师肯定幼儿并提升其审美体验。如幼儿说："因为它有好多层。"教师说："确实是，好多颜色叠加在一起，很漂亮，对不对？"教师多次提问不同的幼儿，鼓励幼儿分享自己的看法。

2. 在音乐的伴奏下，和幼儿一起拿着作品进行游戏，互相欣赏对方的作品。

二、幼儿园活动

（一）面向全体

1. 作品的用处

教师以多种形式开展欣赏和分享活动，不仅能够帮助幼儿二次提升欣赏、感受的能力，还能通过分享游戏发展幼儿的语言表达能力和社会交往能力。

2. 多元表达与创造

幼儿探究运用多种美术表现手法创作好吃的冰激凌。

图 276　美术活动：纸浆画《好吃的冰激凌》　图 277　探究冰激凌的多种制作方法

（二）关注个体

1. 创作中的典型表现

在创作面糊画的过程中，豆豆一直非常认真地研究蛋糕袋怎样用力，才能挤出面糊。佳佳敢于尝试，直接用蛋糕袋操作，在创作过程中探索手部合适的力度。

图 278　豆豆在活动中小心翼翼地使　图 279　佳佳在绘画活动中敢于挑战，直
　　　　用蛋糕袋进行创作　　　　　　　　　接用蛋糕袋挤出带有颜色的面
　　　　　　　　　　　　　　　　　　　　糊，进行冰激凌创作

2. 幼儿日常表现

豆豆对生活中的事物非常好奇，喜欢动手操作并尝试新鲜事物，在操作过程中不急于表现，待掌握好时机再进行操作，敢于展示自己的作品。

3. 整体教育策略

（1）注重在一日生活中引导幼儿关注周围环境、事物的美和变化，结合小班幼儿爱探索和爱摆弄的特点，给幼儿更多的探索时间和空间，保证幼儿有更多体验的机会。

（2）丰富幼儿的创作经验，给予幼儿体会、思考、操作的机会，使幼儿获得经验与方法，学会解决问题。

三、家庭活动

（一）活动内容
手工（材料制作）——自制冰激凌。

（二）活动目的
1. 幼儿　体验自制冰激凌的乐趣，感受亲子制作带来的快乐。

2. 家长　感受美术活动创作过程的快乐，体验美术活动形式的多样性。

（三）活动准备
1. 感受与欣赏

引导幼儿通过观看各种冰激凌的图片，感受与欣赏不同颜色、造型、口味的冰激凌。

图 280　心形冰激凌蛋糕　　图 281　抹茶冰激凌　　图 282　小狗冰激凌蛋糕

图 283　草莓冰激凌蛋糕　　　　图 284　泰国冰激凌

2．工具与材料

（1）工具：冰激凌机。

（2）材料：各种水果、冰激凌粉。

（四）活动过程

第一步：

1．内容　玩"水果蹲"的游戏。

2．做法

全家人先玩一个"水果蹲"的游戏，激发活动兴趣。三个人站在同一条线上，每个人给自己起一个水果的名字。然后，先由扮演苹果的爸爸说："苹果蹲，苹果蹲，苹果蹲完草莓蹲。"再换扮演草莓的妈妈说："草莓蹲，草莓蹲，草莓蹲完香蕉蹲。"再轮到扮演香蕉的宝宝。家长和幼儿充分地玩，体验"水果蹲"游戏带来的快乐。

家长语言：咱们三个人一起玩一个好玩的游戏，名字叫"水果蹲"。咱们三个每人起一个水果的名字，然后其中一个人叫另一个人的水果名字后就做蹲起的动作，看谁的反应快。

家长行为：爸爸做示范，"苹果蹲，苹果蹲，苹果蹲完草莓蹲。"妈妈和幼儿也参与到游戏当中。家长在游戏中表现出很开心、很高兴的样子。

第二步：

1．内容　和幼儿一起准备材料。

2．做法

家长语言：今天，咱们把这些水果做成水果冰激凌，好吗？

家长行为：家长准备好水果、冰激凌粉、冰激凌机等，与孩子商量先做哪种水果味儿的冰激凌。

家长语言：宝贝，你想吃冰激凌吗？今天，咱们一起用这些水果做水果冰激凌吃吧！

家长行为：家长与孩子一起围着桌子挑选水果。

第三步：

1．内容　一起制作冰激凌。

2．做法

家长语言：宝贝，现在，咱们就开始做冰激凌吧！

家长行为：家长和孩子一起把冰激凌粉搅拌好，孩子把切好的水果放进冰激凌粉里，再一起倒入冰激凌机里，进行制作。

（教师：钱　营　幼儿园：北京市朝阳区西坝河第三幼儿园）

第2周：绘画（水墨画）——下雨啦

第一步：创作的内容由情感而生

扫码看图片14

一、活动背景

（一）幼儿情感

1. 幼儿表现

（1）孩子们趴在窗台上看雨，兴奋地说："下雨啦！下雨啦！"

（2）"大雨点落在水里，不见了。""地上有好多小圆圈。""快看，雨下在我们的小车上，还能溅起小水花。"孩子们聚在一起，讲述着下雨的景象。

图285　看窗外的雨景　　　　图286　观察并讨论下雨的景象

2. 对活动设计的启示

（1）幼儿对雨落下来的景象非常感兴趣。因此，教师在集体活动的选材上把活动内容定为下雨，以此为主题开展活动，让幼儿在游戏情境中感受美术活动带来的乐趣和美。

（2）创作水墨画时，运用毛笔蘸取墨汁，在宣纸上滴落墨迹晕染开的效果和下雨的场景极为相似。因此，选择用水墨画的表现形式进行创作。

（二）幼儿发展

1. 幼儿在此表现形式中的发展现状

（1）区域游戏中，幼儿喜欢用毛笔自由创作，从而发现墨色的深浅不同，还开心地给自己的作品取名为《小牛吃草》。

（2）区域游戏中，幼儿看着水墨的颜色在纸上晕染开，兴奋地说："快看，点点变大了。"

图287 幼儿水墨作品《小牛吃草》 图 288 水墨的颜色在纸上晕染开

2. 对活动设计的启示

（1）在目标制订上，要注重幼儿的情绪体验和对美的感受。

（2）活动中需要提供浓淡不同的墨汁，引导幼儿感受浓淡不同的墨晕染开的效果不同，体验其美感。

（3）活动过程中，教师创设情境，以游戏的形式鼓励幼儿大胆尝试探索雨点落下来的方法。同时，活动中播放下雨的音乐，使小班幼儿在游戏中感受美术活动的乐趣。

二、活动内容

绘画（水墨画）——下雨啦。

三、活动目标

1. 乐意用毛笔、墨汁等材料表现下雨的场景，体验画水墨画的乐趣。

2. 能用滴、点、抖等自己喜欢的方法进行创作，从中感受水墨滴落晕染开的画面变化。

3. 感受下雨的美好，了解水对人类的重要作用。

四、活动重点、难点

（一）重点
鼓励幼儿用水墨画的形式表现下雨的景象。

（二）难点
能用滴、点、抖等自己喜欢的方法自由创作。

五、活动准备

（一）教师

1. 经验准备

（1）欣赏中国抽象国画作品，感受中国抽象国画墨色深浅变化、应物抽象、传神写意、创意表达的美，了解其创作背景及创作方法等。

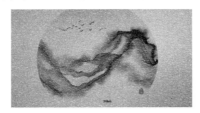

图 289　国画作品

（2）水墨画：用毛笔蘸上调配水和墨浓度的墨汁画出来的画，是绘画的一种形式。水墨画被视为中国传统绘画，也就是国画的代表，也称"国画""中国画"。基本的水墨画仅有水与墨，黑色与白色，但进阶的水墨画，也有工笔花鸟画，色彩缤纷。在中国画中，以中国画特有的材料之一——墨为主要原料，加入不同量的清水调配出浓墨、淡墨、干墨、湿墨、焦墨等，画出不同浓淡（黑、白、灰）层次的画，别有一番韵味，称为"墨韵"。

（3）引导幼儿通过赏雨、听雨、踩雨，体验下雨带来的快乐，感受雨后清新的景象和大地洗刷一新的美。

图 290　雨后的景象

2. 物质准备

（1）工具：羊毛加建大白云毛笔人手一支、棉签若干。

（2）材料：16 开生宣宣纸人手一份、浓墨、半墨半水、淡墨各 5 份。

（3）其他：毛毡垫、涮笔筒人手一份、湿毛巾、下雨场景 PPT 课件、下雨视频、轻音乐。

（二）幼儿

1. 感受与欣赏

引导幼儿观看雨中池塘的图片，感受与欣赏水面及荷叶在雨中的状态。

图 291　雨天池塘

2. 工具与材料

（1）工具：羊毛加建大白云毛笔、棉签若干。

（2）材料：16 开生宣宣纸人手一份，浓墨、半墨半水、淡墨各 5 份。

（3）其他：毛毡垫、涮笔筒人手一份、湿毛巾。

第二步：创作的过程促情感表达

一、美好回忆

（一）主要问题

1. 雨点宝宝喜欢落下来和大家一起玩，它们是怎么落下来的呀？

2. 你喜欢雨宝宝吗？

3. 墨宝宝也想玩落下来的游戏，它的好朋友都在哪儿呢？

（二）实施要点

1. 出示下雨视频时，注重调动幼儿的愉快情绪，引导幼儿用自己喜欢的方式表达雨滴落下来的样子。

教师出示下雨视频，用自己开心的表情带动幼儿，并鼓励幼儿用自己喜欢的方式表现雨点落下来的样子和对雨的喜爱。如有的孩子喜欢用肢体动作表达，有的孩子会声情并茂地表达，有的孩子用简短的语言表达，教师都要及时回应、鼓励幼儿。

2. 通过欣赏下雨的图片以及提问的方式，引导幼儿回忆下雨的场景。

教师出示视频后还可以出示下雨的图片，通过提问"雨宝宝落在哪里了"引导幼儿欣赏、回忆下雨的场景，体验下雨的美好。

3. 介绍工具和材料时，同时出示墨和毛笔，引导幼儿观察墨色的不同，同时，以墨宝宝落下来跑到纸上玩游戏的口吻，将毛笔滴墨的方法介绍出来。

教师出示墨和毛笔，说："今天，有三个墨宝宝来玩游戏了，它们有什么不一样？"引导幼儿观察墨色有深有浅。"墨宝宝要到纸上做游戏啦！"教师边说边将墨滴到纸上，同时发出"滴答"的声音，使幼儿感受水墨游戏的乐趣。

4. 教师通过表情、动作鼓励幼儿大胆发言，感受参与美术活动的乐趣。

幼儿表达时，教师用欣喜、惊讶、开心等表情鼓励幼儿，活跃课堂气氛，让幼儿感受美术活动带来的乐趣。

二、自由创作

（一）主要问题

1. 墨宝宝玩落下来的游戏，它开心吗？落到纸上，它变成什么样儿了？

2. 你是怎么让墨宝宝落下来的？

3. 你还想让墨宝宝怎样落下来？

（二）实施要点

1. 教师和幼儿共同游戏，以自身情绪带动幼儿。

活动开始，教师也持一份材料和幼儿一同玩"墨宝宝落下来"的游戏。同时，随着滴墨快慢发出"滴答""嗖"等音效，和幼儿一同感受游戏的乐趣。

2. 教师通过提问的方式，引导幼儿发现墨落在纸上的变化，让幼儿初步感受在创作中运用滴墨的乐趣。

教师：墨宝宝落在了软绵绵的宣纸上。你们看，它在动啊！

引导幼儿观察墨在宣纸上晕染的变化。

3. 鼓励幼儿大胆尝试用墨宝宝不同的滴落方式进行创作。

教师提问："你是怎样让墨宝宝玩落下来的游戏的？"当幼儿说出"点、抖、滴"等词语时，教师及时帮助幼儿总结方法，如"哦，原来你抖了一下，墨宝宝就落下来了，它开心吗？"

4. 关注全体幼儿，给予个性化指导。

（1）预设情景 1：

幼儿表现：幼儿不敢尝试，或一直使用一种滴墨方式，如反复点。

教师指导：教师创设情境，激发幼儿创作，如"墨宝宝带来很多好朋友，它们想一起落下来，你有什么好办法吗？"

（2）预设情景 2：

幼儿表现：幼儿敢于创作，但不更换墨色。

教师指导：及时鼓励并肯定幼儿作品中的美，引导幼儿关注画面的颜色，如"哇，有这么多墨宝宝到你的纸上玩游戏了，它们开心吗？它们穿的衣服颜色一样吗？我们让穿不一样颜色衣服的墨宝宝也来玩游戏吧！"

（3）预设情景 3：

幼儿表现：个别幼儿完成创作后，不想再进行创作。

教师指导：引导幼儿与教师、同伴分享自己的作品。"今天，有这么多墨宝宝都来玩游戏了，它们开心吗？你怎么知道它开心呀？"

第三步：创作的结束使情感延展

一、快乐分享

（一）主要问题

1. 有几种颜色的墨宝宝到你的纸上玩游戏了？

2. 你是怎样帮它落下来的？

（二）实施要点

1. 鼓励幼儿大胆表达自己的想法并积极给予回应和肯定。

教师说："数一数，有几种颜色的墨宝宝到你的纸上玩游戏了？"教师可以伸出手指，和幼儿一起数一数。"你是怎么帮墨宝宝落下来的？"教师及时用简单的动词帮幼儿梳理方法，如幼儿做出甩手的动作，教师及时梳理："哦，你甩了一下，墨宝宝就落下来了。"

2. 播放轻音乐，以"墨宝宝玩累了，让它躺在软软的宣纸上休息一下"的游戏口吻，将作品在桌子上晾干，引导幼儿轻轻地走出活动室，自然过渡到下一个环节。

二、幼儿园活动

（一）面向全体

1. 作品的用处

（1）幼儿自己绘制雨伞，随意贴在作品中，自由讲述《雨中的小花伞》。

（2）幼儿给自己的作品起名字，并将其装饰在班级环境中。

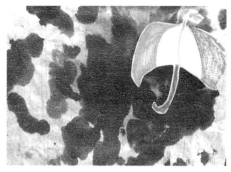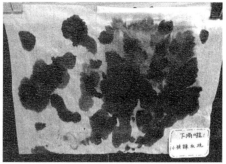

图 292　幼儿自由讲述画作《雨中的小花伞》　图 293　幼儿用自己的画作美化班级环境

2. 多元表达与创造

（1）结合语言活动"蚂蚁与西瓜"进行彩墨创作。

（2）玩水墨游戏"牛奶画"。

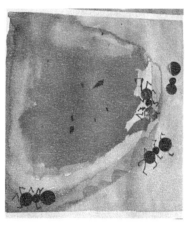

图 294　彩墨创作与语言活动　　图 295　水墨游戏：牛奶画
　　　　"蚂蚁和西瓜"相结合

（二）关注个体

1. 创作中的典型表现

乐乐在创作过程中低头仔细看落下来的墨，自言自语："变大了，变大了！"看到慢慢变大的墨点不动了，乐乐又拿起毛笔，在纸上抖了一下。"哇！老师，你看，它们都变大了。"然后，蹲下来看着墨点慢慢变大。乐乐发现了墨在纸上晕染的细微变化，且在游戏中敢于尝试用抖毛笔的方法使墨汁滴落下来。

图296　滴墨创作

2. 幼儿日常表现

睿睿在幼儿园中愿意尝试、探索新鲜事物，如下雨了，睿睿会高兴地跑去踩水。他喜欢涂涂画画，创作过程中喜欢更换颜色，创作后很少与教师、同伴主动分享作品。因此，教师应主动询问，多与幼儿交流作品，促进幼儿情感的表达和抒发。

图297　踩水玩　　　　　图298　给石膏作品涂色

3. 整体教育策略

（1）尊重幼儿的探索行为，创设空间鼓励幼儿探索自己想做的事。

（2）创设情境，以游戏贯穿整个活动，激发幼儿在游戏中自由表达和创作。

（3）关注幼儿在创作中的典型表现，及时与家长沟通，家园共同创造机会让幼儿体验创作的乐趣。

三、家庭活动

（一）活动内容

绘画（水墨）——水中滴墨。

（二）活动目的

1. 幼儿　加深对墨色变化的认识，感受墨在水中晕染开的美。

2. 家长　了解幼儿美术创作的多种形式，体验水墨游戏自由创作的过程。

（三）活动准备

1. 感受与欣赏

家长带领幼儿观察、感受并欣赏水中滴墨的景象。

图 299　水中滴墨的现象

2. 工具与材料

（1）工具：毛笔、透明玻璃瓶。

（2）材料：墨汁。

（3）其他：幼儿玩水照片或视频、水、擦桌布。

（四）活动过程

第一步：

1. 内容　出示玩水照片，聆听孩子玩水时的快乐体验。

2. 做法

家长语言：你在玩什么呀？开心吗？

家长行为：用手机或电脑给孩子播放玩水照片或视频，聆听孩子的快乐讲述。

第二步：

1. 内容　熟悉材料和工具。

2. 做法

家长语言：今天，我们玩一个好玩的游戏吧！看看都有谁和我们一起做游戏啦！

家长行为：家长出示墨汁、装水的玻璃瓶，和孩子一起熟悉材料。

第三步：

1. 内容　创作——水中滴墨。

2. 做法

家长语言：墨宝宝要玩"跳水"的游戏喽！

家长行为：将墨滴到水中，和孩子一起观察墨汁在水中的变化，并用手机拍照或录像。

（五）作品欣赏

1. 幼儿看到瓶中墨汁的变化，非常欣喜，说："水里有条小金鱼。"

2. 幼儿用手机拍下水中滴墨的现象，并起名为"漂亮的水母"。

图 300　欣赏瓶中墨汁的变化　图 301　水中滴墨作品：漂亮的水母

（教师：李丹丹　幼儿园：北京市西城区实验幼儿园）

第3周：绘画（蜡笔画）——小蜗牛

第一步：创作的内容由情感而生

一、活动背景

扫码看图片15

（一）幼儿情感

1. 幼儿表现

（1）每天早上，孩子们来到幼儿园，总会有几个小朋友凑到自然角看小蜗牛。看到小蜗牛的触角伸得长长的，他们会很惊讶。看到小蜗牛吃东西，也会好奇地盯着看半天。

（2）户外活动时，孩子们发现小蜗牛，也会围着看上好半天。小蜗牛给孩子们带来了很多的欢乐。

图302　在自然角喂养小蜗牛　　　　图303　户外活动时观察小蜗牛

2. 对活动设计的启示

（1）孩子们对班级里的小蜗牛非常感兴趣，给予了很多的关注。教师打算借此机会开展有关小蜗牛的活动，不仅可以激发幼儿对小动物的关注和好感，还可以通过小蜗牛的活动增强幼儿对美的感受和表达。如欣赏小蜗牛的动作形态，用艺术的方式表达自己对小蜗牛的感知。

（2）大部分幼儿都有过用蜡笔涂色和绘画的体验，蜡笔也是孩子们经常接触的绘画工具。大部分幼儿能够利用蜡笔进行绘画，并享受绘画的过程。基于此，教师选用蜡笔画表现小蜗牛。为了让孩子们体验绘画材料的不同，决定在砂纸上绘画，让幼儿感知不同的肌理效果。

（二）幼儿发展

1. 幼儿在此表现形式中的发展现状

幼儿用蜡笔在砂纸上自由创作，画出各种线条或轮廓，如毛线团、放射线、圆圈等。

图 304　画出轮廓　　　　　　　　　　图 305　画毛线团

 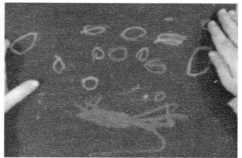

图 306　画放射线　　　　　　　　　　图 307　画圆圈

大部分幼儿能画出基本的线条，开始尝试用绘画的形式表达个人感受，使用不同的颜色进行绘画。有的幼儿能画出基本的轮廓线，部分幼儿的绘画水平处于象征期到形象期的过渡阶段，会给自己所画的形象命名，从而表达自己对事物的认识。少数幼儿处于涂鸦期，能画出简单物体的基本形状或在成人的引导下进行绘画。

2. 对活动设计的启示

（1）活动内容创设：在创作过程中，教师鼓励幼儿大胆尝试、使用多种颜色进行绘画，丰富幼儿对色彩的感知。

（2）活动的准备：准备 600 目的细砂纸，确保材料使用的安全。

（3）活动的过程：在活动过程中加入游戏，使幼儿感受到小蜗牛的可爱、灵动，激发幼儿与小蜗牛近距离接触，增强观察和表达的兴趣。

二、活动内容

绘画（蜡笔画）——小蜗牛。

三、活动目标

1. 通过绘画的方式表现自己认识的小蜗牛，体验表达的快乐。
2. 使用多种色彩进行表达，感受色彩的丰富性。
3. 喜欢观察身边的小动物，关注它们的生活习性。

四、活动重点、难点

（一）重点
鼓励幼儿通过观察创作出自己喜欢的蜗牛形象。

（二）难点
尝试使用丰富的色彩表达对小蜗牛的情感。

五、活动准备

（一）教师

1. 经验准备

（1）色彩构成。

了解色彩的构成，进行同色系、明暗度、肌理、颜色的纯度、无彩色等的对比。

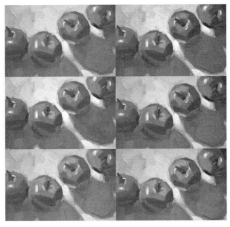

图 308　同色系对比　　　　图 309　明暗度对比

图 310 肌理对比

图 311 颜色的纯度对比

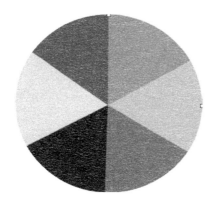

图 312 无彩色对比

图 313 同色系与无彩色对比

（2）色彩分析。色彩分析是人对所看到的色彩视觉刺激和心理暗示产生的系列联想。鲜亮的红色、橙色和黄色能够令人精神振奋，而蓝色和绿色则能平复情绪。高纯度的色彩给人以华丽、气派的感觉，而低纯度的色彩给人一种朴实、素雅的质感，混入黑色和灰色的冷色调，其沉闷、压抑的色彩环境令人意志消沉，产生绝望的感觉。不管是色彩的冷与暖、湿与干、远与近、轻与重、弱与强、柔软与坚硬、华丽与朴素都与视觉经验和心理联想有关，这些感觉偏向于物理感觉的印象，而不是物理的真实物象，是人的心理作用产生的主观印象。

图 314　明亮的黄色把向日葵绚丽
　　　　的色泽、饱满的轮廓描绘
　　　　得淋漓尽致

图 315　以红色、黄色为主，配以对比色蓝色和
　　　　绿色，使得画面色彩饱和而强烈，营造
　　　　出一种普天同庆的喜庆氛围

（3）蜡笔画。

① 特点：蜡笔画，就作画条件而言，它既不像其他画种那样在作画之前进行繁琐的画具准备，也不需要考虑诸如水和油对色彩干湿的影响。作画时可以随时停笔和续画，多次画出来的色彩、笔触都能自然地衔接在一起，不受时间的限制，充分体现了蜡笔画与其他画种相比，在作画时的优越性。

② 工具：绘画技法的形成与其所用工具、材料的特性是密不可分的，蜡笔画也不例外。最好选用上海产的马利牌蜡笔，它分为 12 色、36 色、48 色和64 色等。

③ 基本技法：

A. 平涂：用力均匀，顺着一个方向涂色，让颜色布满纸张，不留白。

B. 留白：用浅色从暗色位置开始涂色，轻轻地涂，慢慢地逐步过渡到白。

C. 叠色：即颜色的叠加，从浅色开始涂，然后涂深色，最浓黑的颜色要最后涂。

2. 物质准备

（1）工具：多媒体播放器、蜡笔。

（2）材料：600 目 A4 大小黑色木砂纸每人一张。

（3）其他：实物蜗牛若干只，蜗牛图片，幼儿观察蜗牛、与小蜗牛游戏时的照片，展板。

（二）幼儿

1. 感受与欣赏

引导幼儿通过观看各种蜗牛的图片，感受与欣赏蜗牛的外形特征和动态。

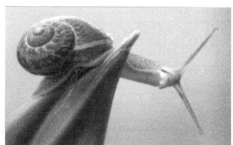

图 316 各种蜗牛

2. 物质准备

（1）工具：蜡笔。

（2）材料：600 目 A4 大小的黑色木砂纸每人一张。

第二步：创作的过程促情感表达

一、美好回忆

（一）主要问题

小朋友们看看，小蜗牛在哪里呀？它在做什么？

（二）实施要点

1. 播放幼儿在观察小蜗牛、与小蜗牛游戏时的照片，帮助幼儿回忆与小蜗牛相处的快乐时光。

教师打开多媒体播放器，播放幼儿与小蜗牛在一起时的照片。

教师：小朋友们快来看看，我们和小蜗牛在一起的时候，多快乐呀！

幼儿认真地观察照片。

当照片中出现了某个小朋友时，比如雯雯，小朋友们会兴奋地说："这是雯雯。雯雯在和小蜗牛玩……"

2. 观看小蜗牛的不同动作与形态，鼓励幼儿用语言描述小蜗牛的动作与形态，激发与小蜗牛近距离接触的愿望。

教师：小朋友们看看，小蜗牛在哪里呀？它在做什么？

幼儿：两只小蜗牛在说悄悄话。

二、自由创作

（一）主要问题

小朋友，快来看看，你面前的小蜗牛是什么样子的？它们都有谁？它们在做什么有趣的事情？

（二）实施要点

1. 每张桌子上放一只小蜗牛，当幼儿近距离观察小蜗牛并与同伴讨论时，先倾听幼儿谈话的内容及表达的情感，根据幼儿的表现，教师参与讨论，使用启发式提问等方法引导幼儿进行细致观察。

教师走近幼儿并蹲下来，面带微笑："宝贝，我们快来看看，这只小蜗牛是什么样儿的呀？你想不想轻轻地摸摸小蜗牛？"

幼儿伸出一根手指，碰一碰小蜗牛的壳和头并讲述："小蜗牛的壳硬硬的，身子是软软的，它还在看我呢！"

2. 关注全体幼儿，给予个性化指导。

（1）预设情景1。

幼儿表现：幼儿不动手创作。

教师指导：引导幼儿和小蜗牛互动游戏，让幼儿多观察小蜗牛的外形特征和动态，激发幼儿的创作欲望。

（2）预设情景2。

幼儿表现：以现有的水平进行创作。

教师指导：肯定并鼓励幼儿的创作，用启发式的语言引导幼儿回忆与小蜗牛在一起的场景，激发幼儿的创作灵感。

（3）预设情景3。

幼儿表现：大胆地自主创作。

教师指导：随时观察并关注幼儿的神情及情感，肯定幼儿的创作。若幼儿需要，教师可给予适当的帮助与指导。

第三步：创作的结束使情感延展

一、快乐分享

（一）主要问题

1. 你的蜗牛朋友叫什么名字？

2. 可以向我们介绍一下它吗？

3. 你在画画的时候，觉得哪里最有趣呀？

（二）实施要点

1. 鼓励幼儿给自己的画作小蜗牛取名字，并介绍自己的小蜗牛。

2. 展示自己的作品，供大家欣赏。引导幼儿以积极的态度、欣赏的眼光看待他人作品。

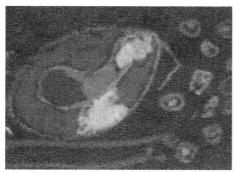

图317 琪琪：这是我的蜗牛朋友小美，它在吹泡泡，吹了好多泡泡

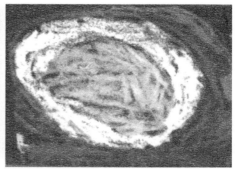

图318 帅帅：我的蜗牛朋友叫小帅，它的个头特别大。（小声说）它现在睡着了

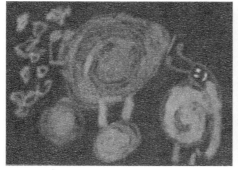

图319 安安：点点正在和妈妈一起玩游戏

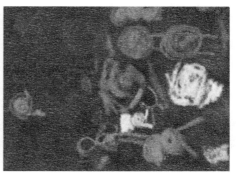

图320 小米：我的蜗牛朋友叫宝丽（用手指指右下角粉色的那只），它在和好朋友们一起玩游戏

二、幼儿园活动

（一）面向全体

1. 作品的用处

将幼儿创作的小蜗牛作品布置成展板，放在楼道中展示，供家长及其他幼儿观看、欣赏。

2. 多元创造与表现

美工区中，幼儿利用搓、卷、捏、按的方式用超轻泥制作漂亮的蜗牛。

图 321　用超轻泥制作蜗牛

（二）关注个体

1. 创作中典型表现

豆豆在创作开始时没有动笔，而是坐在座位上，一会儿看看小蜗牛，一会儿又看看同伴在画什么。大约 3 分钟后，他才开始在砂纸上进行创作。他在纸上用蓝色的油画棒画了一个又一个的蜗牛圈，并说："小蜗牛在滚。"该幼儿的作品画面较为简单，使用的颜色单一，但也能表达幼儿心中的想法。该幼儿在特定情境下较内向，表达个人情感及想法时也比较内敛，往往不能大胆地说出个人想法和自己的感受。

2. 幼儿日常表现

豆豆平时很少去美工区活动，他比较喜欢阅读或进行积木搭建、创意插塑之类的活动。在游戏中，他乐于与同伴交流、互动。绘画活动时，他在色彩的运用方面偏向于单色创作线条画。

3. 整体教育策略

（1）教师应带领幼儿欣赏色彩丰富的油画、水粉画等作品，让幼儿在欣赏的过程中体会到丰富的色彩给视觉带来的美感，从而激发幼儿大胆运用色彩作画的欲望。

（2）每次幼儿创作后，鼓励幼儿讲述自己的作品。在讲述的过程中，不断提高思维能力、语言表达能力。幼儿对自己的作品感到满意，能提升自信心，同时学会欣赏他人的作品。

（3）鼓励家长多带领幼儿到户外欣赏自然风光，感受大自然的美。

三、家庭活动

（一）活动内容

绘画（砂纸画）——水果盘。

（二）活动目标

1. 幼儿　通过用蜡笔在砂纸上绘画不同的水果盘，发现水果的有趣之处，愿意用丰富的色彩进行绘画。

2. 家长　在与幼儿一起画"水果盘"的过程中，体验色彩的魅力，感受亲子绘画给家庭带来的愉悦。

（三）活动准备

1. 感受与欣赏

引导幼儿观看各种水果拼盘的图片，感受与欣赏造型美、色彩美。

图 322　各种水果拼盘

2. 物质准备

（1）工具：12 色蜡笔 1 盒。

（2）材料：600 目 A4 大小的黑色木砂纸 5 张。

（3）其他：照相机 1 台。

（四）活动过程

第一步：

1. 内容　家长和幼儿一起玩游戏"身体变水果"，用肢体动作变出各种水果的造型。

2. 做法

家长语言：宝贝，你最喜欢吃什么水果？快用身体变出这种水果，看看咱俩谁变得像！

家长行为：以放松、愉悦的心情与幼儿一起用肢体动作变出水果，用热情的语气和眼神感染幼儿。家长说"西瓜"，两人就一起变成西瓜，或幼儿说"香蕉"，两人就一起变成香蕉。可以多玩几次这个游戏，随机变出各种水果。

第二步：

1. 内容　在木砂纸上用蜡笔绘画"水果盘"。

2. 做法

家长语言：妈妈做的水果盘特别好吃！我也想看一看你的水果盘。现在，咱们快来画一个超级美味的水果盘吧！让我先来画个好看的水果盘，你再画一些自己想吃的水果！

家长行为：家长愉快地与幼儿共同在已经准备好的木砂纸上利用 12 色蜡笔进行绘画。家长先画出盘子的轮廓，幼儿在盘子的轮廓里添画水果。幼儿进行绘画时，家长在一旁观察并指导。

第三步：

1. 内容　作品拍照记录。

2. 做法

家长语言：宝贝，你画的水果盘看起来可真美味啊！妈妈都要流口水啦！咱们把水果盘用相机拍下来，让幼儿园的老师和小伙伴也看看吧！

家长行为：家长或幼儿拿着相机给作品拍照、留念。

（五）作品欣赏

幼儿在家长的指导下，在砂纸上用油画棒创作各种水果盘。

图 323　幼儿作品：水果盘

（教师：杨　红　幼儿园：北京九龙幼儿园）

第 4 周：绘画（吹画）——五彩的泡泡

第一步：创作的内容由情感而生

一、活动背景

（一）幼儿情感

1. 幼儿表现

扫码看图片 16　扫码看视频 4

（1）孩子们把各种样式的泡泡枪带到幼儿园。自由活动时，他们最爱用泡泡枪喷出泡泡了。

图 324　用泡泡枪喷出泡泡

（2）慢慢地，孩子们发明了一种新玩法：把打出来的泡泡用纸接住，看看能接住多少泡泡，最后看看泡泡落在纸上是什么样子的。

图 325　用纸接住喷出来的泡泡

2. 对活动设计的启示

（1）结合幼儿喜欢吹泡泡的兴趣，教师设计并开展一次关于"泡泡"的活动。

（2）幼儿的情感表现给教师以启发，使教师想到了一种绘画形式——吹画。吹画一般都是将墨汁或某种颜色的颜料滴在纸上，用嘴吹，使颜料在纸上流动，形成不同的痕迹，借此作画。幼儿喜欢玩泡泡枪，又让我想到了以"泡泡枪"代替"嘴"进行"吹画"的方式，让幼儿在吹吹玩玩的游戏中，体验美术活动的乐趣，获得美感体验。

（二）幼儿发展

1. 幼儿在此表现形式中的发展现状

（1）有的幼儿用带有颜色的泡泡水在纸上随意喷绘，有时因为集中在一个地方喷，还会发生将纸弄破的现象。

（2）有的幼儿因为掌握不好泡泡枪的角度，导致泡泡不容易喷出来。

图326 集中在一个地方喷，导致纸张破损　　图327 泡泡枪操作不当，无法喷出泡泡

2. 对活动设计的启示

（1）在目标的制订上，要突出幼儿对游戏过程的快乐体验及对构图的美感体验。

（2）创作材料需要准备有一定硬度的卡纸，不容易被颜料水浸泡而破损。

（3）活动过程中，要通过游戏的方式引导幼儿掌握拿泡泡枪的正确姿势。

二、活动内容

绘画（吹画）——五彩的泡泡。

三、活动目标

1. 体验通过泡泡绘画的游戏过程，乐于分享创作的快乐。

2. 感受色彩对比带来的视觉美感。

3. 在游戏的过程中，发现泡泡可以创造出图案，体验作画的乐趣，喜爱幼儿园多种多样的活动方式。

四、活动重点、难点

(一) 重点
引导幼儿感受作品中色彩变化带来的美感。

(二) 难点
尝试用各种方式引起泡泡在画面上的不同变化。

五、活动准备

(一) 教师

1. 经验准备

(1) 了解色彩面积对比：即将两个强弱不同的色彩放在一起，若要得到对比均衡的效果，必须以不同的面积大小来调整，弱色占大面积，强色占小面积，而色彩的强弱是以其明度和彩度来判断，这种现象称为"色彩面积对比"。

(2) 感受泡泡的色彩美。

2. 物质准备

泡泡枪、大卡纸、多媒体播放器、音乐《吹泡泡》。

图 328　花束

(二) 幼儿

1. 感受与欣赏

幼儿用泡泡工具蘸上泡泡水，随意甩出大大小小的泡泡。

图 329　甩泡泡

玩美术　慧生活
幼儿美术"情感三部曲"教学模式的探索与实践 小班（下）

2. 工具与材料

（1）工具：泡泡枪。

（2）材料：泡泡水、A3 大卡纸、报纸。

第二步：创作的过程促情感表达

一、美好回忆

（一）主要问题

1. 泡泡怎么才能从泡泡枪里出来呢？

2. 泡泡美吗？为什么？

3. 泡泡落在纸上会变成什么样子？

（二）实施要点

1. 将幼儿使用泡泡枪喷出泡泡的方法用儿歌的方式总结出来。

幼儿边说儿歌边做游戏，通过亲身感受对泡泡有了更加直观的印象，从而对泡泡的兴趣也越发浓厚。儿歌朗朗上口，通过儿歌可以引导幼儿掌握用泡泡枪喷出泡泡的方法便于幼儿操作，如"泡泡枪要喝水，喝饱水，吐泡泡；哗啦哗啦出泡泡，一起游戏真好玩"。

2. 引导幼儿从泡泡的颜色、大小等表达对"泡泡"美的看法。之后，借助图片，引导幼儿欣赏泡泡的色彩美，进一步感受不同颜色的泡泡落在纸上，产生叠加颜色的效果与美感。

3. 鼓励幼儿大胆猜想"泡泡落在纸上会变成什么样子"，引导幼儿关注泡泡落在纸上的位置。

教师用泡泡枪向空中发射，喷出一串儿泡泡，让幼儿观察泡泡去了哪里，如果想留住泡泡，不让它消失在地上怎么办，引发幼儿动脑筋想出用纸接住泡泡的方法，鼓励幼儿大胆想象泡泡落在纸上会是什么样子。

二、自由创作

（一）主要问题

1. 泡泡落到纸上，是什么样子的？

2. 泡泡都落在哪儿了？它们都变成了什么？

（二）实施要点

1. 和幼儿共同游戏，增加游戏的欢乐气氛。

教师播放幼儿喜欢的欢快音乐《吹泡泡》，创设"狂欢节"的游戏情境，在音乐中引导幼儿开展游戏。

2. 引导幼儿关注泡泡落在纸上的位置。

教师鼓励幼儿在纸的上方吹泡泡，注意观察泡泡去了哪里，鼓励幼儿连续吹泡泡，可以适当地在纸的范围内移动泡泡枪，让泡泡落在纸的不同位置。幼儿在游戏时发现移动泡泡枪时，泡泡会出现叠在一起的情况，初步感受叠落的艺术表现形式。

3. 关注全体幼儿，给予个性化指导。

（1）预设情景 1。

幼儿表现：拿到泡泡枪后，枪头向下，里面的泡泡水流在了画纸上，没有形成泡泡。

教师指导：和幼儿一起边说儿歌边操作，掌握正确使用泡泡枪喷出泡泡的方法。

（2）预设情景 2。

幼儿表现：拿到泡泡枪后，持续按住扳机，泡泡连续地喷出来，在画纸上形成了"泡泡山"。

教师指导：带领幼儿一起等待泡泡破，引导幼儿思考怎样才能让泡泡落在纸上是圆形的，并和幼儿一起操作，控制按压泡泡枪扳机的节奏。

第三步：创作的结束使情感延展

一、快乐分享

（一）主要问题

泡泡落在纸上漂亮吗？哪里漂亮？

（二）实施要点

1. 鼓励幼儿针对问题表达自己的想法，并给予肯定。

创设舞会情境，让幼儿尽情表达自己的泡泡穿的是什么礼服，来参加舞会的心情是怎样的，引导幼儿欣赏同伴的作品，说说最喜欢哪个泡泡。幼儿说出自己的泡泡是怎么做出来的。

2. 对幼儿的想法进行分类，小结幼儿的想法，如：有的小朋友喜欢不同颜色的泡泡叠加在一起，使颜色发生了变化，变成了五彩的颜色；有的小朋友喜欢好多泡泡抱在一起，有一大片的，还有一小片的，大片和小片都有，这样在一起很好看。

3. 在音乐的伴奏下，和幼儿一起拿着作品进行游戏，借此相互欣赏作品。《吹泡泡》的歌词可以随着幼儿的表达内容进行改编，如"吹呀吹泡泡，有红也有绿。飘呀飘呀飘，飘呀飘呀飘。咦？有大、有小，抱在一起了"。

二、幼儿园活动

（一）面向全体

1. 作品的用处

把幼儿创作的作品布置在班级墙上，并创设不同的小朋友吹泡泡的场景，增强画面效果。

图 330　将幼儿的作品进行情景化装饰，增强幼儿的感受力

2. 多元表现与创造

（1）幼儿用毛笔蘸上各种颜色的水墨，滴在宣纸上，产生晕染的效果。

（2）幼儿用橡皮泥或超轻纸黏土创作小鱼吐泡泡的场景。

图 331　绘画：水墨滴画　　　图 332　泥塑：小鱼吐泡泡

（二）关注个体

1. 创作中的典型表现

冬冬在美术活动中十分专注，他认真地用吸管蘸上泡泡水，轻轻地吹了一下，泡泡还没落在纸上就破了，纸上只有淡淡的、零星的小点儿。于是，他又蘸了泡泡水，将吸管离纸近一些，用力一吹，泡泡破在了纸上，纸上有个圆圆的泡泡形状。冬冬脸上露出了欣喜的笑容，

图 333　一起演唱歌曲《吹泡泡》

这次，他更加兴奋了，蘸上泡泡水，吹的时候更加用力了，泡泡在纸上又有了不一样的变化。就这样，冬冬最终创作出了一张自己满意的作品！

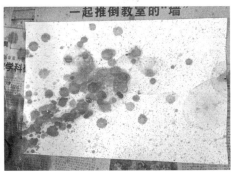

图334　幼儿进行泡泡画创作　　　　图335　幼儿的泡泡画作品

图336　往纸上吹泡泡　　　　图337　幼儿观察画面布局

　　冬冬在创作时很专注，能够关注作品布局的整体性，把握对作品的细节表现。

2. 幼儿日常表现

　　冬冬平时比较害羞，特别是在小朋友面前不敢表达，对于很多活动，他也总是游离在外。可这次创作之后，冬冬很自信、积极地和身边的小伙伴说着自己的作品，还告诉他们自己的创作经验。可见，这次活动让冬冬真正投入了创作，也让他更加自信了。

3. 整体教育策略

（1）尊重冬冬在创作泡泡画中的兴趣和独特感受，理解他的创作、欣赏他的行为。

（2）展示冬冬泡泡画的作品，鼓励幼儿用自己的作品或艺术品布置环境。

（3）与家长联系，鼓励冬冬在生活中细心观察、体验，为艺术活动积累经验与素材。

三、家庭活动

（一）活动内容

绘画（丙烯画）——身体的重叠。

（二）活动目的

1. 幼儿　体验物体重叠的表现手法，感受色彩面积带来的美感。

2. 家长　感受美术活动创造的快乐，体验美术活动形式的多样性。

（三）活动准备

1. 感受与欣赏

家长引导幼儿欣赏各种事物重叠、堆放的图片，感受色彩叠加、物体叠放带来的视觉美。

图 338　重叠的花

图 339　重叠的球

图 340　重叠摆放的手

图 341　雨伞的重叠

2. 工具与材料

（1）工具：板刷（中 4 号、人手 1 把）、黑色记号笔（人手 1 支）。

（2）材料：丙烯颜料（红色、黄色、蓝色各 1 瓶）、白布（2 米×2 米 1 块）、透明宽胶带 1 卷、抹布 1 块、废旧报纸若干张（垫在白布下面）。

（四）活动过程

第一步：

1. 内容　玩"踩影子"的游戏，感受重叠和拼摆。

2. 做法

家长语言：咱们一起玩"踩影子"的游戏吧！看看咱们三个人，谁的影子不会被踩到。咱们一起来给影子画画吧！

家长行为：家长踩影子的时候尽量弯腰，消除和幼儿的距离感。家长在活动中表情很开心、很高兴。

第二步：

1. 内容　收集废旧材料，画身体的轮廓。

2. 做法

家长语言：咱们一起把一家人的身体轮廓画下来吧！

家长行为：

（1）将材料准备好，先把废旧报纸平铺在地上，再把白布平铺在报纸上，这样不会弄脏地面，将白布的四个边用宽胶带粘住，防止白布来回移动，准备好黑色记号笔、丙烯颜料，准备进行绘画。

（2）先让爸爸躺在白布上，妈妈和宝宝一起给爸爸勾画身体轮廓。然后，换妈妈躺在白布上，爸爸和宝宝一起给妈妈的身体轮廓勾边。最后，宝宝躺下，妈妈和爸爸一起给宝宝的身体轮廓勾边。每个人躺下时，可以采取不同的姿势，如单腿躺着的、脚对脚的、头对头的……可以反复、重叠地勾边。

第三步：

1. 内容　给白布上的身体轮廓图涂色。

2. 做法

家长语言：咱们一起给勾完边的身体涂色吧！

家长行为：爸爸、妈妈和孩子分别用刷子蘸上不同的丙烯颜料涂色，将身体的轮廓涂满，颜色可以重叠，也可以空开。将整块布的身体轮廓全部涂满为止。

（五）作品欣赏

一家人合作画出身体的轮廓后涂色，感受共同绘画的满足感，体验亲子游戏的快乐。

图 342　亲子创作《身体的重叠》

（教师：王　玥　幼儿园：中国科学院第五幼儿园）